Judith Le Huray

Monsterboy

Mit Bildern von
Anna Laura Jacobi

Hase und Igel®

Als Titel der Reihe LEVEL 1, 2, 3
liegt dieses Buch in drei Schwierigkeitsstufen vor.

Außerdem gibt es dazu für Lehrkräfte
ein ausführliches Begleitmaterial beim Hase und Igel Verlag.

MIX
Papier aus verantwortungsvollen Quellen
FSC® C043106
www.fsc.org

www.hase-und-igel.de
Lektorat: Anna Schultes, Eva Christian
Satz: Appel Grafik München GmbH
Druck: Grafisches Centrum Cuno GmbH & Co. KG

ISBN 978-3-86316-206-1
1. Auflage 2023

Inhalt

1. Robert sieht schwarz

Erschrocken starrte Robert zur Tür. Sein Mund stand so weit offen, dass man seine Milchzähne hätte zählen können.

Eine schwarze Gestalt schob sich ins Zimmer und ließ einen grimmigen Blick durch die Klasse schweifen. Bedrohlich leuchtete der weiße Totenkopf. Als Robert die langen, spitzen Zähne entdeckte, bekam er eine Gänsehaut. Der Körper des Eindringlings war bedeckt mit blitzenden Stacheln.

Frau Blum sah aus, als habe es ihr die Sprache verschlagen. Das kam bei der Klassenlehrerin der 4b nur selten vor. Doch nach den ersten Schrecksekunden huschte ein Lächeln über ihr Gesicht. „Guten Morgen, du musst Johannes sein", grüßte sie freundlich.

„Monsterboy", knurrte das schwarze Wesen.

„Wie bitte?", fragte Frau Blum verwirrt.

„Ich bin Monsterboy." Die Stimme klang beinahe so, wie man sich einen sprechenden Wolf vorstellt.

„Cooool!", stieß Dennis begeistert aus.

Laura machte große Augen. „Der sieht ja stark aus", flüsterte sie ihrer Freundin Marina zu.

Frau Blum war eine humorvolle Lehrerin, die nichts so leicht aus der Fassung brachte. „Na gut, Monsterboy. Willkommen an unserer Schule für Monster und sonstige Kinder", sagte sie mit einem Augenzwinkern.

Die halbe Klasse lachte.

„Ich bin ein gefährliches Gruselmonster", behauptete Dennis mit krächzender Stimme und scheußlicher Grimasse.

Frau Blum zeigte auf den einzigen freien Stuhl. „Joha… äh … Monsterboy, setz dich bitte in die vierte Reihe neben Robert. Sein Banknachbar kommt erst in drei Wochen wieder."

Robert war entsetzt. *Nein, nicht neben mich!,* hätte er am liebsten gebrüllt. Aber wie üblich sagte er kein Wort.

Monsterboy schlurfte zu dem Platz, an dem bis vor wenigen Tagen Sammy gesessen hatte. *Wieso muss er gerade jetzt auf Kur sein?,* fragte sich Robert.

Schwungvoll knallte der gruselige Neue seine schwarze Tasche neben den Tisch. Dann lümmelte er sich in den Stuhl, als würde er mit Chips und Cola vor dem Fernseher sitzen. Dabei machte er sich so breit, dass Roberts Heft fast vom Tisch rutschte. Robert blieb nur ein winziges Eckchen übrig. Schmal wie ein Lineal quetschte er sich an den Rand. Mit blassem Gesicht schielte er zu der schrecklichen Gestalt.

Vermutlich hatte Monsterboy gar nicht bemerkt, dass jemand neben ihm saß. Robert war nämlich so gut wie unsichtbar. Meistens trug er unauffällige graue Sweatshirts. Und er verhielt sich so zurückhaltend, dass er häufig übersehen wurde. Oder vergessen. So wie beim Schulausflug, als der Bus ohne ihn abgefahren war.

Aber Robert war es normalerweise ganz recht, dass keiner auf ihn achtete. So hatte er seine Ruhe, mit niemandem Streit und wurde selbst von den großen Jungs übersehen. Einige Sechstklässler verprügelten nämlich besonders gern Grundschüler. Vielleicht war Monsterboy auch so ein übler Schläger. Dann war es besser, von ihm nicht bemerkt zu werden.

„Ich hoffe, du wirst dich in deiner neuen Klasse wohlfühlen", sagte Frau Blum freundlich.

Monsterboy ließ als Antwort eine Kaugummiblase platzen.

Die Klassenlehrerin kam mit dem Abfalleimer auf ihn zu. „Den Kaugummi bitte hier hinein."

„Warum?" Monsterboy ließ die klebrige Masse wieder in seinem Mund verschwinden. „Kaugummi kauen hilft beim Denken. Das ist wissenschaftlich erwiesen", behauptete er.

Murat, Elias und Laura kicherten leise. Dennis zeigte mit dem Daumen nach oben.

„Das mag sein. Aber Kaugummi kauen hilft auch dabei, Strafarbeiten zu bekommen", stellte Frau Blum klar. „Das ist an unserer Schule erwiesen."

Nun kicherten Nelly, Annika und Peter.

„Pfft", machte Monsterboy. Der Kaugummi flog in hohem Bogen in den Abfalleimer, knapp an Frau Blums Nase vorbei. „Dann sind Sie aber schuld, wenn ich nicht richtig denken kann."

„Vielen Dank für die freundliche Gabe", sagte die Lehrerin. „Ich werde mir etwas einfallen lassen, um deine Denkleistung zu fördern. Nun möchte ich dich noch bitten, deine Jacke, die Kappe und die Handschuhe auszuziehen."

„Geht nicht", krächzte Monsterboy kopfschüttelnd. „Brauch ich alles zum Schutz."

Frau Blum zog ihre Stirn in Falten. „Zum Schutz?“

„Gegen Vampire und anderes Gesindel“, antwortete Monsterboy und schob den Schirm seiner Totenkopfkappe tiefer ins Gesicht.

„Ich kann dir garantieren, dass es an unserer Schule keine Vampire gibt“, sagte Frau Blum bestimmt. „Und solltest du doch von einem gebissen werden, sorge ich höchstpersönlich dafür, dass du eine Bluttransfusion bekommst.“

„Trotzdem. Ich lass die Sachen lieber an.“ Monsterboy verschränkte die Arme unter den spitzen Nieten seiner schwarzen Lederjacke. „Ich will kein Risiko eingehen.“

Zum zweiten Mal verschlug es Frau Blum die Sprache. Nun sperrte sie den Mund auf. Ein Zahnarzt hätte leicht feststellen können, dass sie keine Milchzähne mehr hatte.

Robert hatte das Gefühl, mitten in einem Albtraum zu stecken. Wie konnte Monsterboy nur so frech gegenüber der Klassenlehrerin sein? Robert liebte Frau Blum. Natürlich war er nicht verknallt in sie, aber er mochte sie wirklich gern. Sie war fast immer gut gelaunt, freundlich und gerecht. Und sie ließ ihn meistens in Ruhe. Nein, Frau Blum hatte auf keinen Fall verdient, von diesem Minimonsterrocker so unverschämt behandelt zu werden. Eigentlich sollte man dem Kerl die Meinung sagen. Aber er selbst natürlich nicht. Nein, Robert wollte sich nicht einmischen. Er mischte sich nie ein.

„Nun gut“, zischte die Lehrerin, als sie den kleinen Schock überwunden hatte. „Heute darfst du die Sachen ausnahmsweise anbehalten, weil es dein erster Tag hier ist.“ Ohne sich weiter um den Neuen zu kümmern, setzte sie den Unterricht fort und schrieb Matheaufgaben an die Tafel.

Robert hingegen konnte sich nicht konzentrieren. Ständig fürchtete er, sich an den Stacheln des Monsters neben ihm zu verletzen. Und dann auch noch diese grässliche Kette! Lange, spitze Zähne wechselten sich ab mit alten Knochen. Robert hatte kaum genug Platz, die Aufgaben in sein Heft zu schreiben. Monsterboy war für einen Viertklässler weder groß noch dick. Aber er machte sich so breit wie ein Elefant mit Blähungen.

Als es zur Pause klingelte, war Robert immer noch unverletzt, fühlte sich aber ziemlich gestresst. Er konnte sich keinen schlimmeren Nebensitzer vorstellen. Na ja, vielleicht wurde Monsterboy wegen seines schlechten Benehmens bald von der Schule verwiesen. Oder er bekam eine Anstellung in einer Geisterbahn. Oder die

Hauptrolle in einem Gruselfilm. Hauptsache, er war schnell wieder weg.

Ein Pulk von Klassenkameraden versammelte sich um den Tisch. Marina setzte ein strahlendes Lächeln auf. „Hey, Monsterboy, coole Jacke!", meinte sie.

Murat zeigte auf Monsterboys fingerlose schwarze Handschuhe. „Ich will auch solche. Sehen stark aus."

„Dass du dich getraut hast, so mit Frau Blum zu reden", sagte Elias bewundernd.

Dennis deutete mit dem Kopf Richtung Tür. „Hey, Alter, kommst du mit uns raus?"

„Okay", antwortete Monsterboy und trottete los.

Kopfschüttelnd schaute Robert dem Neuen hinterher. Mit Sammy verstand er sich recht gut. Hin und wieder sprachen sie miteinander, doch meistens ließen sie sich in Ruhe. Und jetzt hatte er dieses Gruselpaket neben sich. *Der schlimmste Tischnachbar der Welt,* dachte Robert. *Nein, Monsterboy, wir werden keine Freunde.*

Da war er sich zu hundert Prozent sicher.

2. Monster auf dem Schulhof

Auf dem Pausenhof stellte Robert sich mit seinem Käsebrot auf seinen Lieblingsplatz. Hinter dem Fliederbusch hatte er einen guten Überblick. Wie üblich konnte er unbemerkt das Geschehen beobachten. Nur eine Amsel hüpfte herum, um Roberts Brotkrümel zu entsorgen. Sie ließ sich nicht von ihm stören – vielleicht war er sogar für Vögel unsichtbar. Eine Biene surrte vorbei. Sie untersuchte den Käse, entschied sich dann aber für besser duftende Blüten.

Robert entdeckte ihn gleich: Monsterboy stand ein Stück rechts von ihm, nur wenige Meter entfernt. Die Totenkopfkappe hatte er tief ins Gesicht gezogen, die Hände in den Taschen der mörderischen Lederjacke vergraben. Er war umringt von einigen Klassenkameraden. Sie schienen keine Angst vor den Stacheln zu haben, die gefährlich in der Sonne glänzten. Im Gegenteil, sie behandelten Monsterboy wie einen Helden. Vor allem Laura schmachtete ihn an. Ihre verliebten Augen sahen beinahe aus wie blaue Herzchen.

„Wieso bist du neu an unserer Schule?“, fragte Marina. „Bist du erst hierhergezogen?“

Monsterboy nickte. „Am Wochenende“, brummte er. Mehr sagte er nicht. Stattdessen schob er sich einen neuen Kaugummi in den Mund und biss energisch darauf herum.

Robert kam es mit einem Mal so vor, als wolle das schwarze Monster am liebsten nicht über den Umzug reden. Ihm selbst war es im vergangenen Jahr ähnlich ergangen. Nur weil seine Eltern sich richtig böse verkracht hatten, musste er umziehen – weg von seinen Freunden. Seitdem war alles anders. Schnell schob er den bitteren Gedanken beiseite und konzentrierte sich wieder auf den Neuen.

„Cool, dass du jetzt in unserer Klasse bist", hauchte Laura und schenkte Monsterboy ein verklärtes Lächeln.

Elias kicherte. „Die Blum war platt wie 'ne Briefmarke, weil du deine Jacke nicht ausgezogen hast."

Monsterboy rückte seine Kappe zurecht. „Was ich anziehe, ist meine Sache", verkündete er lautstark. „Das geht die Alte gar nix an."

„Und beinahe hättest du sie mit dem Kaugummi getroffen", erinnerte sich Murat grinsend.

„Eigentlich hätte ich ihn ihr voll an die Stirn schießen sollen." Wie ein Schuss knallte die Kaugummiblase aus dem Mund des Ungeheuers. Ein Erstklässler zuckte erschrocken zusammen.

„Genau! Volltreffer!" Dennis boxte sich selbst an den Kopf, verdrehte die Augen und torkelte Richtung Boden. Mit ausgebreiteten Armen lag er im Dreck, die Zunge hing ihm aus dem Mund.

„Okay, wir haben's kapiert", sagte Murat lachend und kickte ihn leicht in die Seite. Wie durch ein Wunder erwachte Dennis eine Sekunde später aus seiner Ohnmacht und schwang sich auf die Beine. „Ihr habt überhaupt keine Ahnung von guter schauspielerischer Leistung", maulte er im Spaß.

„Quatsch!" Der Neue schlug Dennis so kräftig auf den Rücken, dass er beinahe wieder zu Boden gegangen wäre. „Das war große Klasse. Garantiert wirst du für Hollywood entdeckt."

„Gut möglich." Dennis boxte Monsterboy gegen die Schulter. Voll in die Stacheln. „Auuuutsch!" Er rieb sich die Faust. „Das ist ja lebensgefährlich!", jaulte er mit schmerzverzerrtem Gesicht. „Also … Wenn ich dann in Hollywood eine Hauptrolle bekomme, werde ich dich als Monster empfehlen."

Ja, bitte, entdeckt den Neuen für einen Gruselfilm, dachte Robert. *Hauptsache, er ist weit, weit weg und ich muss nicht neben ihm sitzen.* Er stöhnte leise.

Die Amsel blickte zu ihm hoch. Robert bückte sich, sie bekam einen Schreck und flog davon. Anscheinend wirkte sich der Schock auf ihre Verdauung aus, denn im Flug ließ sie etwas fallen.

Murat zeigte lachend auf Monsterboys Kappe. „Hahaha, du bist voll Kacke!"

„Hihi, genau auf den Totenkopf", amüsierte sich Marina.

Prustend haute sich Dennis auf den Schenkel. „Ein Totenkopf mit Punkerfrisur."

Monsterboy nahm die Schirmmütze ab. Robert sah blonde Wuschelhaare, die viel weniger gruselig wirkten als die scheußliche Kappe.

Tatsächlich verlief die Amselwurst direkt über dem Totenschädel und erinnerte an den Irokesenschnitt eines Punkers. „Coole Frisur“, meinte Monsterboy. „Aber das Geschenk kann ich nicht annehmen.“ Er blickte sich um, entdeckte in der Nähe eine kleine Sitzbank und streifte die Wurst daran ab.

Kurz darauf kamen zwei Mädchen. Eines mit hellrosa Hose setzte sich genau auf die Stelle und wunderte sich, dass einige Kinder kicherten.

Nicht weit entfernt hörte Robert Michels Stimme. Er war auch in der 4b und saß immer in der ersten Reihe, damit er gut zur Tafel sehen konnte. „Mo…Mo… Monsterboy ist to…to…total doof!“, stotterte er.

Sein Freund Julian nickte.

„Der … der … der soll ver…ver…verschwinden“, wetterte Michel weiter.

Anscheinend hatte Monsterboy ihn gehört, denn er stapfte mit geballten Fäusten auf Michel zu. „Wa… wa…was ist los?“, äffte er sein Stottern mit quäkender Stimme nach. „Ha…ha…hast du Zwe…Zwe…Zwerg ’ne Fe…Fe…Fehlzündung?“

„Fehlzündung, haha, das ist gut“, prustete Dennis.

„La…la…lass mich in Ru…Ru…Ruhe!“, erwiderte Michel aufgebracht und richtete sich zu voller Größe auf. Das nutzte allerdings nicht viel. Michel war mit Abstand der Kleinste in der Klasse, kaum größer als ein Erstklässler. Oft wurde er gehänselt, auch wegen seiner Stotterei. Deshalb hielt er sich meistens zurück. Doch gerade war er so richtig in Fahrt.

Neugierig schob Robert die Zweige des Fliederbuschs ein wenig zur Seite, um besser sehen zu können.

„Das vorhin war to…to…total fie…fie…fies“, stotterte Michel weiter und warf Monsterboy giftige Blicke zu. „Frau Blu…Blu…Blum ist nämlich e…e…echt nett.“

Robert schüttelte den Kopf. *Ist Michel lebensmüde?*, fragte er sich. Er war ja derselben Meinung, aber nie im Leben hätte er das dem Stachelmonster an den Kopf geworfen. Dass ausgerechnet der klein gewachsene Michel den Mut aufbrachte, sich dem Neuen entgegenzustellen, konnte er kaum glauben.

Monsterboy baute sich vor Michel auf wie ein Gorilla, dem man die Banane geklaut hat. „He, jetzt halt mal die Klappe, du zu heiß gewaschener Schrumpfwichtel“, blaffte er. „Bi…bi…bist wohl verkna…kna…knallt in die Al…Al…Alte.“

Laura und Elias hielten sich die Bäuche vor Lachen.

Michels Augen wurden feucht. „Du … du … du bist voll ge…ge…gemein“, schimpfte er, machte auf dem Absatz kehrt und stapfte mit seinem Freund Julian davon.

„Renn doch zu Ma…Ma…Mami!“, grölte Monsterboy ihm hinterher.

„Oder zu deiner geliebten Frau Blu…Blu…Blum“, fügte Dennis laut lachend hinzu.

Murat nickte Monsterboy anerkennend zu. „Der Zwerg ist zu einer Schnecke geschrumpft.“

„Ach was“, winkte Marina ab. „Zu einer Mücke.“

Elias grinste breit. „Bald kann man ihn nur noch durchs Mikroskop betrachten.“

Die Pausenglocke läutete. Monsterboy spuckte seinen Kaugummi in weitem Bogen aus. Mit einem leisen „Plopp!“ landete er direkt in der Butterbrotdose eines Mädchens.

„Igitt! Welches Schwein war das?“ Mit angeekeltem Gesicht und spitzen Fingern fischte das Mädchen das klebrige Spuckgeschoss aus der Dose und beförderte es in den Mülleimer. Monsterboy und seine neuen Freunde fanden das ausgesprochen witzig, wie an ihrem Gelächter zu erkennen war.

Auf dem Weg zum Schulhaus beobachtete Robert seinen Tischnachbarn aus sicherer Entfernung. *Das kann doch wohl nicht wahr sein!* Obwohl er es genau gesehen hatte, traute Robert seinen Augen kaum. So ganz nebenbei, mitten im Laufen, hatte das Stachelmonster Michels Freund ein Bein gestellt.

„Aah!“, quietschte Julian im Flug. Nelly war direkt vor ihm. Er wollte sich noch an ihr festhalten, grapschte nach ihrem T-Shirt, stürzte dann aber trotzdem zu Boden.

Nelly fuhr herum. „He, was soll das?“, schrie sie ihren Hintermann wütend an. „Pfoten weg!“

„’tschuldigung“, japste Julian.

„Ach, Nelly, Julian ist nun mal total in dich verknallt“, behauptete Dennis mit Säuselstimme. „Er wollte dich dringend in die Arme nehmen.“

Elias schaute grinsend auf Julian, der noch immer stöhnend am Boden lag. „Was suchst du da unten? Deinen Freund Michel? Soll ich dir ein Vergrößerungsglas bringen?“

„Wer wa...wa...war das?“, fragte Michel grimmig.

Laura hielt sich eine Hand ans Ohr. „Hat da eben eine Laus gesprochen?“

Monsterboy und seine Anhänger gingen lachend weiter und machten dumme Witze. Sie kümmerten sich nicht um Julian, der verzweifelt seine aufgeschürften Hände und die kaputte Jeans betrachtete. Und auch nicht um Michel, der sich eine Träne von der Wange wischte.

Robert war verwirrt. Okay, Dennis, Elias und Murat konnten hin und wieder anstrengend sein. Auch Laura und Marina hatten schon mal Mitschüler geärgert. Aber so fies waren sie normalerweise nie. Warum stellten sie sich alle auf Monsterboys Seite? Wieso machten sie bei seinen gemeinen Aktionen mit, anstatt Michel und Julian zu helfen?

Robert seufzte leise. So leise, dass ihn keiner hörte. Dann sah er, wie Peter auf Julian zuging und sich zu ihm hinunterbeugte.

„Wie ist das passiert?“ Peter half Julian auf die Beine.

„Keine Ahnung“, schluchzte Julian. „Ich glaube, mir hat jemand ein Bein gestellt.“

So ist es. Ich hab's genau gesehen, dachte Robert. *Aber zum Glück geht mich das alles nichts an.*

Zwischen anderen Kindern schob er sich ins Schulgebäude. Kurz darauf verschwand er im Klassenzimmer.

3. Mutige und Feiglinge

Als am nächsten Tag der Unterricht begann, machte Roberts Herz einen zufriedenen kleinen Hüpfer. Der Platz neben ihm war leer! Er packte Mathebuch, Heft und Stiftemäppchen aus seiner Tasche und breitete alles auf dem Tisch aus. *Vielleicht hat man das Stachelmonster von der Schule geworfen,* hoffte er. *Oder es ist wieder umgezogen. Zum Beispiel ins Gruselkabinett. Oder alles war nur ein Albtraum.*

Doch nach fünfundzwanzig Minuten schlurfte eine schwarze Gestalt mit gefährlichen Stacheln, spitzen Raubtierzähnen und leuchtendem Totenkopf ins Klassenzimmer. Der Albtraum höchstpersönlich.

„Sehr freundlich, dass du uns beehrst, junger Mann", sagte Frau Blum, sah jedoch nicht wirklich erfreut aus. „Der Unterricht hat aber schon vor einer knappen halben Stunde begonnen. Warum kommst du erst jetzt?"

Monsterboy zuckte mit den Schultern. „Meine Mutter sagt immer: Ein Junge in deinem Alter braucht seinen Schlaf."

„Da hat sie recht." Frau Blum nickte. „Aber bitte nicht während der Schulzeit. Jetzt setz dich auf deinen Platz und nimm die Kappe ab."

„Aber jeder darf doch anziehen, was er will!", empörte sich der Neue, schlurfte an seinen Tisch und knallte seine Tasche auf Roberts Mathebuch.

Vorsichtig zog Robert sein Buch unter der Tasche hervor. Eine Seite war geknickt und leicht eingerissen. Na klasse! Monsterboy schien das völlig egal zu sein.

„Ich möchte gerne dein Gesicht sehen", sagte Frau Blum. „Das wird jedoch durch deine Kappe verdeckt. Und mit Totenköpfen unterhalte ich mich nicht."

„Oookay", entgegnete Monsterboy gedehnt und drehte kurzerhand den Schirm seiner Mütze nach hinten. Nun starrte der Totenkopf in die letzte Reihe.

Einige aus der Klasse kicherten. Laura strahlte Monsterboy bewundernd an, Elias streckte den Daumen nach oben.

Frau Blum dagegen schüttelte ungläubig den Kopf und seufzte leise. Dann machte sie mit Mathe weiter.

Monsterboy legte die Unterarme in voller Breite auf den Tisch und ließ seinen Kopf darauf sinken. Robert hatte ungefähr so viel Platz wie ein Hering in einer Dose mit Zwergsardinen.

In der Pause verbarg Robert sich wieder hinter dem Flieder. Dort wurde er von niemandem beachtet – außer von der frechen Amsel, die sich wie am Tag zuvor über seine Brotkrumen hermachte.

Robert blickte sich auf dem Schulhof um. Monsterboy und seine neuen Freunde standen in der Nähe einiger Erstklässler, die Fußball spielten. Die kleinen Nachwuchstalente hatten riesigen Spaß. Besonders ein niedliches Mädchen mit blonden Zöpfen fiel Robert auf. Die Kleine sah aus, als würde sie nur mit Puppen spielen. Aber sie kickte so gekonnt, dass er sie darum beneidete.

Laura schaute schon wieder mit Herzchenaugen zu Monsterboy. *Was findet sie nur an dem doofen Kerl?*, fragte sich Robert.

Plötzlich rollte der Ball in Monsterboys Richtung. Sofort bückte er sich, prellte ihn ein paarmal, dann spielte er ihn zu Murat. Der machte einen Kopfball zu Elias.

Einer der Erstklässler kam verärgert angerannt. „He, das ist unser Ball. Gib her!“, krähte er.

„Was hat der Zwerg gesagt?“, fragte Elias und kickte den Ball zurück zu Monsterboy.

Der Kleine schaute auf die stachelige schwarze Gestalt mit den Riesenzähnen, bekam einen Schreck und wich einen Schritt zurück.

„Hol ihn dir doch, du halbe Portion“, johlte Monsterboy, nahm Anlauf und schoss mit voller Wucht. Die Kugel machte einen hohen Bogen, flog über den Erstklässler und seine Freunde und landete hinter dem Zaun. Direkt auf der Straße. Vor einem Auto. Es machte peng!, danach lag ein Fetzen plattes Leder auf der Fahrbahn.

„Super Schuss!“, lobte Dennis.

Die Erstklässler waren stinksauer. „Du Blödmann! Das sag ich unserer Lehrerin“, empörte sich der Junge, der Monsterboy angesprochen hatte. Diesmal allerdings mit Sicherheitsabstand.

Ein anderer schluchzte: „Das war mein Ball. Der war noch ganz neu. Und jetzt ist er kaputt.“

Das Mädchen mit den blonden Zöpfen sah nun nicht mehr niedlich, sondern vor allem wütend aus. Sehr wütend sogar. Sie stampfte auf Monsterboy und seine Freunde zu und stemmte die Fäuste in die Seiten. „Ihr seid total blöd!“, schrie sie den größeren Kindern ins Gesicht. „Und feige!“

Allerdings, dachte Robert und staunte über so viel Mut.

„He, was soll der Zwergenaufstand?“, blökte Monsterboy. „Müsst eben besser auf eure Sachen aufpassen.“ Er machte einige bedrohliche Schritte auf die Erstklässler zu, wie ein Westernheld kurz vor dem Duell. Das war sogar dem mutigen Mädchen zu viel. Ängstlich rannten die Nachwuchsfußballer davon.

Der Angeber ist der fieseste Feigling der Welt!, dachte Robert. *Sich mit Kleinen anlegen, das kann ja jeder.* Am liebsten hätte er seinen Nebensitzer auf den Mond geschossen.

Nach dem Unterricht verließ Robert erleichtert das Schulgelände. *Nichts wie weg von der üblen Nervensäge,* dachte er. Wie üblich bog er links ab und ging dann durch die Kastanienallee. Ruckartig blieb er stehen. *Oh nein, die schon wieder!* Schnell versteckte er sich hinter einem dicken Baumstamm.

Die Gruppe von Sechstklässlern aus der Schule nebenan war berühmt. Und gefürchtet. Immer wieder machten die fünf großen Jungs sich über Grundschüler her, erpressten und verprügelten sie. Diesmal hatten sie einen Drittklässler in der Mangel.

„Gib das her!", forderte der Junge mit schriller Stimme. Verzweifelt versuchte er, nach einem Smartphone zu greifen.

„Du brauchst so was doch noch gar nicht, Kleiner", meinte der Sechstklässler, der das Handy in der Hand hielt.

„Aber du kannst es uns abkaufen", sagte ein zweiter. „Für zwanzig Euro."

Der Drittklässler schluchzte. „Ich hab aber keine zwanzig Euro."

Einige Grundschüler schauten aus sicherer Entfernung

zu. Keiner traute sich, näher zu kommen oder Hilfe zu holen. Alle hatten Angst, das nächste Opfer der Bande zu werden. Alle außer Salim aus Roberts Klasse.

Allein, ohne Begleitschutz, ging Salim auf die Gruppe zu. „Sagt mal, was soll das, ihr Feiglinge?", wetterte er. „Lasst ihn in Ruhe!"

Ist der noch ganz bei Trost? Robert schüttelte entsetzt den Kopf. *Die machen doch Hackfleisch aus ihm!*

„He, was mischst du dich ein?", fragte der Jugendliche mit dem Handy.

„Vielleicht wollte er uns was schenken", entgegnete einer seiner Freunde. „Durchsucht seine Taschen."

Plötzlich entdeckte Robert in der Ferne eine Staubwolke. Monsterboy rauschte auf einem Fahrrad vom Schulgelände – und bog in die Kastanienallee ein.

Was ist jetzt los?, fragte sich Robert. *Gehört der etwa auch zu der Bande? Will er gemeinsame Sache mit den Jugendlichen machen? Klar, das würde zu ihm passen.* Gespannt linste er hinter dem Baum hervor.

Monsterboy raste auf die Gruppe zu. Ungebremst. Es fehlten noch höchstens zwanzig Meter. „He, haut ab!", schrie er. „Weg mit euch, aber dalli!"

Doch die Jugendlichen hauten nicht ab. Sie starrten ihn nur an, als wäre er ein grünes Marsmännchen mit sechs Armen und einer Antenne auf dem Kopf.

Monsterboy steuerte weiterhin direkt auf die Bande zu. Und im nächsten Moment passierte es: Er bretterte mittendurch!

Einer der Sechstklässler ging zu Boden. Dabei riss er seinen Nebenmann mit. Der dritte bekam den Lenker in den Bauch und jaulte vor Schmerz. Dem vierten fuhr Monsterboy über den Fuß. Und der fünfte torkelte vor Schreck rückwärts, direkt in einen Abfalleimer.

Salim und der andere Junge reagierten schnell. Bevor die Jugendlichen begriffen, was geschehen war, rannten die beiden davon. Dem Drittklässler war es sogar gelungen, sein Handy an sich zu reißen.

Die Sechstklässler starrten dem rasenden schwarzen Monster hinterher. Sie sahen aber nur noch seine Rückseite. Verdutzt rappelten sie sich auf. Einer fuchtelte mit der Faust in der Luft. „Das wirst du uns büßen!“, drohte er.

„Das geschieht euch recht!“, rief ein Mädchen den großen Jungs zu. Natürlich aus sicherem Abstand.

„Genau. Ihr seid nämlich Feiglinge“, wetterte ein Schüler aus der Dritten.

Laura wagte sich einen Schritt näher. „Und Monsterboy war voll mutig. Der hat keine Angst vor euch!“

In Roberts Kopf schwirrten tausend Fragezeichen. Wer war sein Nebensitzer wirklich: ein fieser Feigling oder ein monstermäßig mutiger Retter? Nachdenklich ging Robert nach Hause.

4. Monstermode

Wie ein Held wurde Monsterboy am nächsten Tag von einigen Mitschülern empfangen. Seine erfolgreiche Attacke mit dem Bike hatte schnell die Runde gemacht. Viele der Grundschüler freuten sich: Endlich hatte jemand von ihnen der gewalttätigen Jugendbande einen Denkzettel verpasst.

Robert fiel gleich auf, dass es mehr schwarze Kleidung an der Schule gab als sonst. Vor allem in der 4b. Murat hatte nun auch schwarze, fingerlose Handschuhe. Elias trug einen schwarzen Pullover mit Totenkopf und Laura eine schwarze Schirmmütze. Sogar Emmi, die man nur in Glitzerrosa kannte, hatte ein schwarzes Jäckchen übergezogen. Tim kam zwar nicht in Schwarz, hatte aber eine Kette mit Zähnen um den Hals. Allerdings waren sie nicht sehr lang und auch nicht spitz. Vermutlich waren es seine gesammelten Milchzähne.

Zu Beginn des Unterrichts sprach Frau Blum mit ihnen über den großen Ausflug. Monsterboy wusste natürlich von nichts, es war ja erst sein dritter Tag in der Klasse.

„Wir übernachten auf der Burg Schreckgestein“, erklärte Tim begeistert. „Das wird unsere Abschlussfahrt, bevor wir die Schule wechseln.“

„Dort soll es sogar Gespenster geben!“ Helene klang ziemlich aufgeregt.

„Genau!“ Ayla schüttelte sich, als würde sie tatsächlich noch an Gespenster glauben. „Um Mitternacht geistern die durch die Burg. Ohne Köpfe!“

„Hilfe! Hilfe! Da krieg ich ja ganz schreckliche Angst!“ Monsterboy zitterte wie eine Rüttelmaschine. Aber kurz darauf tippte er sich an die Stirn. „Pff! So ein Quatsch! Wer glaubt denn an Gespenster? Das ist doch Babykram.“

„Na, wenn du nicht daran glaubst, kannst du ja die anderen heldenhaft beschützen“, meinte Frau Blum. Dann wandte sie sich wieder der Klasse zu. „Übrigens habe ich uns wie besprochen für den Kuchenverkauf beim kommenden Schulfest angemeldet. Wenn dabei genug Geld zusammenkommt, können wir bei der Abschlussfahrt vielleicht noch einen Besuch im Freizeitpark einplanen.“

Die Begeisterung war groß: „Au ja!“ – „Super!“ – „Toll!“ Alle schrien durcheinander. Außer Robert. Er schrie nie. Und Monsterboy. Kuchenverkauf war ihm wohl zu doof und die Fahrt interessierte ihn nicht. Obwohl Robert fand, sein Tischnachbar würde gut auf Burg Schreckgestein passen.

„So, nun müssen wir aber mit dem Sachunterricht weitermachen“, drängte Frau Blum. „Leider schlüpft das Wissen nicht von allein in euer Gehirn. Noch nicht mal, wenn ihr euch in der Nacht euer Buch unters Kopfkissen legt."

Im Moment nahmen sie verschiedene Pflanzen des Waldes durch. Monsterboy schien das allerdings überhaupt nicht zu gefallen. „Mann, das ist total langweilig", blökte er lautstark. „Der Blümchenkram interessiert höchstens meine Oma."

„Genau", pflichtete Elias ihm bei. „Wann ist endlich Pause?"

„In einer halben Stunde", antwortete Nelly genervt. „Und ich interessiere mich für Pflanzen. Obwohl ich noch längst keine Oma bin."

„Außerdem hat sich Frau Blum das nicht ausgedacht. Das steht im Lehrplan", fügte Peter hinzu.

Frau Blum nickte. „So ist es. Und wenn wir durch einige Störenfriede Zeit verlieren, müssen wir eben in der Pause den Unterricht fortsetzen, um durch den Stoff zu kommen."

„Was? Das geht gar nicht!", empörte sich Dennis.

Monsterboy schlug mit der Faust auf den Tisch und sprang auf. „Wir haben ein Recht auf unsere Pause!"

„Jetzt halt endlich die Klappe!", zischte Salim ihn an. Annika nickte zustimmend.

„Danke, Salim", sagte die Lehrerin. „Deutlicher hätte ich es nicht ausdrücken können."

Offenbar war Monsterboy nicht für alle ein Held. Es fanden ihn auch nicht alle cool. Für viele seiner Klassenkameraden war der Neue ein vorlauter Angeber. Und ein gemeiner Quälgeist, der allzu gern andere ärgerte.

Frau Blum machte dann nicht länger, sondern ließ die Klasse gleich nach dem Klingeln auf den Hof. Obwohl sie nicht so weit gekommen waren wie geplant. Dafür gab es die doppelte Menge Hausaufgaben.

„Puh!", stöhnte Salim. „Dazu brauche ich ja hundert Stunden!"

„Daran ist nur das blöde Monster schuld." Nelly war sauer wie eine in Essig eingelegte Zitrone. „Ich wollte mit meiner Freundin ins Schwimmbad. Stattdessen muss ich zu Hause hocken und Hausaufgaben machen."

„Der Minirocker meint, die ganze Welt dreht sich nur um ihn", brummte Peter leise.

Auf dem Schulhof war Monsterboy diesmal von noch mehr Kindern umringt. Sie standen mit ihm herum, unterhielten sich und lachten gemeinsam. Das gab ihnen das Gefühl, dazuzugehören und auch ein bisschen mutig und cool zu sein. Wenn Monsterboy Mist baute, waren sie dabei. Sie schauten Mädchen unter die Röcke, klauten einem Jungen den Schokoriegel, warfen Müll auf den Boden und Tomaten an ein Fenster.

Robert war entsetzt. *Wieso machen die das? Und warum sagt ihnen niemand, dass sie damit aufhören sollen?* Er sah sich nach Hilfe um. Herr Winterfeld hatte Pausenaufsicht, aber er war damit beschäftigt, das aufgeschürfte Knie eines Erstklässlers zu verarzten.

Robert selbst wollte sich nicht einmischen. Er verhielt sich mal wieder ganz still. Beinahe wie eine Wachsfigur. Oder eine Schaufensterpuppe. Ungestört stand er hinter seinem Busch. Selbst die Amsel ließ sich nicht blicken. Vermutlich, weil Roberts Apfel nicht krümelte.

Es war nicht zu übersehen: Nicht nur die Farbe Schwarz war neuerdings in Mode, sondern auch andere zu ärgern. Sogar Fremde. Alte Leute zum Beispiel.

Es passierte nach der Schule. Robert war froh gewesen, seinen Tischnachbarn bis zum nächsten Tag nicht sehen zu müssen. Er wusste mittlerweile, dass Monsterboy nicht weit von ihm entfernt wohnte. Deshalb hatte er nach dem Unterricht extra ein paar Minuten gewartet, um dem Neuen nicht mehr zu begegnen.

Doch auf dem Nachhauseweg tauchte die schwarze Stacheljacke trotzdem mit ein paar anderen aus Roberts Klasse vor ihm auf. Robert erkannte gleich, dass Monsterboy etwas Übles im Schilde führte. Mit seinem übertrieben lässigen Gang sah er aus wie ein Cowboy mit geladenen Pistolen und voller Windel.

Nichts ahnend schlich eine alte Frau mit ihrem Rollator den Gehweg entlang. Mit ihren vorsichtigen Trippelschritten kam sie kaum vom Fleck. Ihre Einkäufe hatte sie in der Netztasche der Gehhilfe verstaut.

Monsterboy trat der Frau in den Weg. „He, schaut mal, was die Alte gekauft hat!“, schrie er und holte etwas aus der Tasche. „Schokolade!“

„Cool!“, grölte Dennis. „Gib mal ein Stück!“

„Mir auch!“, rief Laura.

Die werden doch wohl nicht …, dachte Robert noch, aber bevor er den Satz zu Ende denken konnte, war das Papier schon aufgerissen. Niemand hörte auf den leisen Einspruch der alten Frau. Im Nu war die Tafel Schokolade unter den Kindern verteilt.

„Was gibt's denn noch?“ Elias linste neugierig in das Netz. „Hey, super Bälle!“ Er fischte eine Orange heraus und warf sie Dennis zu. Der schmetterte sie weiter zu Marina. So ging es hin und her – bis die Apfelsine schließlich auf eine Autoscheibe pflatschte.

Verzweifelt versuchte die Frau, etwas zu sagen. Aber offenbar war sie zu schockiert, um auch nur einen Ton herauszubringen. Ihr Gesicht war blass, die Augen aufgerissen und sie zitterte wie Espenlaub. Hilfe war nicht in Sicht. Robert hatte sich hinter einem Baum versteckt, von ihm ahnte sie nichts. Und ein junger Mann im Anzug warf nur einen kurzen Blick auf das Geschehen und eilte weiter. Vermutlich hatte er Wichtigeres zu tun, als eine wehrlose Rentnerin vor Dieben zu schützen.

Wieder stöberten die Kinder in den Einkäufen. Reis und Nudeln fanden sie uninteressant. Aber dann hatte Monsterboy eine andere Idee. „Leute, das Ding ist ein

geniales Fahrzeug!" Mit einem Ruck riss er der Seniorin die Gehhilfe aus den zitternden Händen. Er setzte sich darauf und rollte rückwärts davon. Es dauerte nicht lange und – rums – knallte er gegen einen Baum.

Die Frau konnte sich kaum auf den Beinen halten. Sie war schwach und hatte Angst. Robert fürchtete, sie würde gleich zusammenbrechen.

In dem Moment bog Salim mit zwei Freunden um die Ecke. Er erfasste die Situation sofort. Wütend stürmte er auf Monsterboy zu. „Hat dir ein Saurier ins Hirn gekackt?"

„Mann, jetzt bleib mal locker", antwortete Monsterboy lässig. „War doch nur ein Spaß."

„Haha, superwitzig", sagte Salim abfällig.

Nach dem „Spaß" hatte die Frau eine Schramme am Rollator. Außerdem eine Tafel Schokolade und eine Orange weniger. Sie zitterte noch immer.

Die Arme! Robert zitterte selbst ein bisschen, weil er sich so schrecklich ärgerte. *Wie kann man einer alten Frau so Angst machen? Und ihr sogar Sachen klauen?*

„Kommt, lasst uns verschwinden", sagte Monsterboy zu seinen Kumpeln. Mit dem Kopf deutete er auf Salim. „Sonst kriegt der Hilfssheriff noch die Krise." So cool wie möglich gingen Monsterboy und seine Freunde weiter.

Salim versuchte die Frau zu beruhigen. Und Robert atmete tief durch, als sein Tischnachbar endlich außer Sichtweite war.

5. Der Doppelgänger

„Ach, wie dumm“, ärgerte sich Roberts Mutter. „Das Mehl reicht nicht. Könntest du bitte kurz zum Supermarkt gehen?“

„Klar“, sagte Robert. Am Abend sollte es Pfannkuchen geben. Er liebte Pfannkuchen! Dafür ging er gerne einkaufen.

Der Supermarkt war gerade mal zehn Minuten entfernt. Die ersten neuneinhalb Minuten war Robert noch gut gelaunt. Doch dann sah er den Menschen, dem er am allerwenigsten begegnen wollte. Im Nu war seine gute Laune auf und davon. Wieso musste er diesem Typ ständig über den Weg laufen? Schwarz gekleidet und stachelig kam er aus dem Laden, mit einer Tüte in der Hand. Diesmal war er allein.

Blitzschnell suchte Robert Schutz hinter einem der großen Glascontainer. Monsterboy treffen wollte er auf keinen Fall, aber dennoch nicht verpassen, was er so trieb. Wie ein Privatdetektiv beobachtete er ihn und lehnte sich ein Stück vor. „Dong!“ machte der Container, als Robert mit dem Kopf dagegenknallte. „Autsch! Mist!“ Stöhnend rieb er sich die Stirn. Das gab eine Beule. Aber noch viel schlimmer war der Lärm, den er versehentlich verursacht hatte. Er wollte doch unbedingt unsichtbar bleiben! Bestimmt würde Monsterboy ihn jetzt entdecken.

Robert atmete tief durch. Sternchen schwirrten vor seinen Augen, die Stirn pochte. Eine Wespe summte knapp an ihm vorbei. Sonst geschah nichts.

Vorsichtig wagte er einen Blick. Monsterboy hatte sich zu ihm umgedreht und den Container im Visier! Doch eine Sekunde später wandte er sich ab und schaute interessiert in eine andere Richtung.

Robert atmete erleichtert auf. Nein, Monsterboy hatte ihn nicht bemerkt. Er beobachtete nicht Roberts Versteck, sondern eine alte Frau. Mit eiligen Schritten ging er nun auf sie zu.

Tief gebückt schleppte die Greisin mit einer Hand eine schwere Einkaufstasche. Mit der anderen stützte sie sich auf einen Stock.

Jetzt hatte Monsterboy sie erreicht, tippte ihr auf die Schulter, sagte etwas zu ihr. Und dann – dann nahm er ihr die Einkaufstasche ab!

Oh nein! Jetzt klaut er schon wieder! Robert war erschüttert. *Wieso unternimmt denn keiner etwas dagegen?* War denn außer ihm niemand da, der den gemeinen Diebstahl beobachtete? Irgendwer musste Monsterboy aufhalten! *Garantiert rennt er gleich mit den Einkäufen der armen Frau davon! Und ihr Portemonnaie ist wahrscheinlich auch in der Tasche! Womöglich hat sie viel Geld dabei. Er wird damit verschwinden!*

Roberts Herz hämmerte vor Aufregung gegen seine Brust, als wolle es ein Loch hindurchschlagen. Zwar ging ihn das alles überhaupt nichts an, doch Monsterboys Aktion fand er mal wieder total feige und gemein. Am liebsten hätte er ihn auf den Mond gebeamt. Oder auf den Mars. Oder in eine fremde Galaxie. Auf jeden Fall so weit weg wie möglich.

Aber Moment mal, wie jetzt? Robert traute seinen Augen kaum. Monsterboy rannte gar nicht weg. Stattdessen ging er im Tempo einer Schnecke auf Urlaub neben der Frau her, trug ihre schwere Tasche und unterhielt sich mit ihr. Wollte er sie aushorchen? Von ihr erfahren, wo sie ihre Goldketten und Ersparnisse aufbewahrte? Oder die PIN ihrer Bankverbindung?

Verflixt! Jetzt überquerten sie die Straße und kamen genau auf Robert zu! Um nicht gesehen zu werden, musste er sich zwischen den Container und einen Schlehenbusch quetschen. Die Dornen der Pflanze pieksten in sein Hinterteil. Aber Robert riss sich zusammen und machte keinen Mucks.

„Ich wohne gleich dort drüben“, hörte Robert die Frau sagen. „Das ist wirklich nett von dir, dass du mir die schweren Einkäufe trägst. Leider sind nicht viele junge Menschen so hilfsbereit.“

„Mach ich doch gern“, antwortete Monsterboy.

Ha, von wegen!, dachte Robert. *Du wartest doch nur, bis dich niemand beobachtet. Und dann düst du mit der Tasche auf und davon. Aber mit mir hast du nicht gerechnet! Ich sehe alles!*

Monsterboy begleitete die Frau bis zu ihrem Haus. Als sie ihre Geldbörse herauszog und ihm eine Münze anbot, riss er ihr das Portemonnaie nicht aus der Hand. Nein, er lehnte das Geld sogar kopfschüttelnd ab. Dann verabschiedete er sich mit einem kurzen Winken.

Robert zog die Stirn in Falten. *Hat er etwa überhaupt nichts geklaut?* Irgendwie passte das alles nicht zusammen. *Oder hab ich nur geträumt?*, fragte er sich. Nein, den Gongschlag mit seiner Stirn hatte er deutlich gespürt. *Vermutlich hab ich was übersehen.* Es konnte doch nicht sein, dass Monsterboy einfach so einem alten Mütterchen half. Nein. Unmöglich. Die Sache hatte garantiert einen Haken.

Am nächsten Tag fuhr Robert mit dem Bus zu seiner Tante. Sie war Friseurin und einmal im Monat verpasste sie seinen straßenköterblonden Haaren einen neuen Schnitt. Oder besser gesagt den alten, denn er hatte schon seit über einem Jahr dieselbe unauffällige Kurzhaarfrisur.

Der Bus war brechend voll, aber Robert konnte in der letzten Reihe gerade noch einen Sitzplatz ergattern. Die junge Frau mit dem kleinen Kind stieg nach ihm ein. Sie hatte Pech und musste stehen. Ebenso wie der Mann mit Gipsbein und Krücken.

Ein sportlich aussehender Jugendlicher tippte wie wild auf seinem Handy herum und dachte gar nicht daran, seinen bequemen Sitz aufzugeben. Und die beiden jungen Mädchen zwei Reihen vor Robert waren nur mit sich und ihrer Quasselei beschäftigt.

Doch dann stand jemand auf. Jemand mit schwarzer Jacke und Totenkopfkappe. Der Mann mit dem gebrochenen Fuß setzte sich erleichtert auf den freien Platz.

Robert rutschte etwas tiefer in seinen Sitz, um nicht entdeckt zu werden. *Warum schon wieder er?!* Es war wie ein Fluch. Wie ein Albtraum, den man immer und immer wieder hat. Jede Nacht. Genau so fühlte er sich von diesem Ungetüm verfolgt. Sogar die Beule an seiner Stirn, von seiner Bekanntschaft mit dem Müllcontainer, erinnerte Robert daran. Zum Glück wollte Monsterboy wohl gleich aussteigen und der Ausgang war ein gutes Stück weiter vorn. Robert hatte noch zwei Stationen bis zu seiner Tante.

Doch die Haltestelle kam und die schwarze Stacheljacke war noch immer am selben Platz. Bis das kleine

Kind der Frau seinen Teddy fallen ließ und heulte wie eine Sirene bei Großalarm. Da eilte Monsterboy hin, schnappte sich den Kuschelbären und drückte ihn dem Knirps in die Hand.

Robert war so verwirrt, dass er beinahe vergessen hätte auszusteigen. Im letzten Moment schlüpfte er aus dem Bus.

Am Vormittag in der Schule hatte Monsterboy mal wieder eine große Klappe gehabt, andere Kinder geärgert und Frau Blum fast auf die Palme gebracht. Ging nur nicht, weil sie im Klassenzimmer keine Palme hatten.

Eben im Bus dagegen war er freundlich und hilfsbereit gewesen. Wie gestern, als er der alten Frau die Tasche getragen hatte. Robert schüttelte den Kopf. Nein, das konnte nicht derselbe sein. Auf keinen Fall. Aber wer dann? Hatte Monsterboy einen Zwillingsbruder? Oder einen Doppelgänger?

Ja, so musste es sein. Offensichtlich waren zwei schwarze Gestalten in der Stadt, die sich äußerlich glichen wie ein Kohlebrikett dem anderen. Die sich aber in ihrer Art so sehr unterschieden wie ein Krokodil von einem Kaninchen.

6. Ekliger See

In der Schule bestätigte sich, dass der hilfsbereite Junge ein Doppelgänger gewesen sein musste. Nie im Leben war das Roberts Banknachbar. Monsterboy machte nämlich seinem Namen alle Ehre und jede Menge Monstermist. Dabei ließ er sich von seinen Fans feiern wie ein Star. Seine Kritiker mussten sich dagegen üble Pöbeleien anhören.

Einen besonders großen Misthaufen baute er in der großen Pause. Und der stank wirklich zum Himmel.

Robert saß gerade auf der Jungentoilette, da hörte er bekannte Stimmen: Monsterboy, Dennis, Murat, Elias und Tim.

„Oh Mann, ich muss so dringend. Gleich pinkle ich mir in die Hose", stöhnte Dennis.

„Warte kurz", hielt Monsterboy ihn zurück. „Ich hab 'ne Idee. Was ist, Männer, wer kann hier am besten zielen?"

„Wie, zielen?" Das klang nach Tim.

„Na, in die Kloschüssel", erklärte Monsterboy.

Robert war fertig auf der Toilette und machte seine Hose zu. Eigentlich hätte er verschwinden können. Doch eine innere Stimme riet ihm, sich lieber nicht blicken zu lassen. Er setzte sich auf die Klobrille und zog die Beine hoch. Mucksmäuschenstill hockte er in seiner Kabine. Unhörbar, unsichtbar.

„In die Kloschüssel zielen? Womit? Mit zerknülltem Klopapier?“, fragte Tim.

„Mann, bist du schwer von Begriff!“, blökte Monsterboy. „Ins Becken pinkeln natürlich. Auf Entfernung. Wer kann am weitesten?“

Dennis prustete. „Meinst du das im Ernst?“

Das fragte sich Robert auch gerade. Erschrocken hielt er die Luft an. *Hoffentlich machen die das nicht wirklich,* dachte er und rümpfte die Nase. Dann hörte er, wie ein Reißverschluss geöffnet wurde.

„Das war kein Scherz“, stellte Elias erstaunt fest.

„Platz da!“ Das war wieder Monsterboys Stimme. „Volle Kraft voraus!“ Danach gab es ein Spritzen und Plätschern. Und jede Menge Gelächter. „Leute, das könnt ihr nicht toppen“, war sich Monsterboy sicher. „Da gehe ich jede Wette ein.“

„Ach was, das war doch gar nix. Lass mich mal, bevor ich platze“, johlte Dennis. „Ich hab so ’nen Druck drauf, ich könnte wahrscheinlich zehn Meter.“

Wieder dieselben Geräusche: Reißverschluss, Spritzen, Plätschern und Gelächter. Nur war diesmal die Entfernung größer. Und Dennis hatte offenbar noch weniger in die Schüssel getroffen als Monsterboy.

Robert verzog angewidert das Gesicht. *Das ist ja voll eklig!*

„Igitt! Ihr habt sie doch nicht alle!“ Tim hörte sich ziemlich entsetzt an. „Die ganze Wand und der Boden sind vollgepinkelt.“

„Na und?“, wandte Monsterboy ein. „Dafür wird die Putzfrau bezahlt.“

„Nee, Leute, ich mach da nicht mit“, sagte Tim. Einen Moment später ging die Tür auf.

„Bist du ein Mädchen, oder was?“, rief Monsterboy ihm nach.

„Dann hau eben ab!“, schimpfte Dennis.

Elias fügte noch lauter hinzu: „Du Feigling!“

„Hab ich mir gleich gedacht, dass Tim ein Spielverderber ist“, war Murat zu hören.

„Also, ich bin dran.“ Das war Elias. „Jetzt werdet ihr sehen, wie weit ein echter Mann kann.“

„Pff! Ein echter Mann“, äffte Murat ihn nach. „Du bist ja noch nicht mal zehn Jahre alt.“

„Aber trotzdem einen halben Kopf größer als du“, sagte Elias angeberisch. Es folgte dasselbe Spielchen mit ähnlichen Geräuschen. Allerdings schien noch mehr auf den Boden zu spritzen.

Dennis prustete los. „Auweia, Elias, das war aber voll daneben.“

„Die Kloschüssel ist das runde Ding da drüben“, erklärte Murat mit einem Augenzwinkern.

„Ach so! Das hättet ihr mir ja vorher sagen können." Elias spielte den Dummen.

„Nächstes Mal musst du vorher Zielwasser trinken", meinte Monsterboy lachend.

Roberts Blick ging auf den Boden. *Oh nein! Auch das noch!* Er war froh, dass er die Beine hochgezogen hatte. Denn in seiner Kabine bildete sich eine stinkende gelbe Pfütze, die langsam größer wurde. Die Jungentoilette roch nie lecker. Aber jetzt war der Gestank noch deutlich scheußlicher als sonst.

„Murat, du bist dran", sagte Monsterboy.

Murat druckste verlegen herum. „Hm. Ich glaub, ich kann nicht."

„Was soll das heißen, du kannst nicht? Bist du etwa auch so'n Mädchen? Oder ein Feigling?" Monsterboy wollte nicht zulassen, dass sein Kumpel sich drückte.

„Ich war vorhin schon", erklärte Murat.

In dem Moment kamen zwei quasselnde Drittklässler in den Toilettenraum.

„Lasst uns verschwinden", zischte Monsterboy.

Robert hörte, wie sich die Schritte seiner Klassenkameraden entfernten. Dennoch blieb er regungslos sitzen. Sicher war sicher.

„Iiiiiiihhhhh!", kreischte eine Stimme. „Wie eklig ist das denn?!"

„Alles verpinkelt. Und eine riesige Pfütze. Bäh!“ Die Stimme des zweiten Jungen klang, als hätte er in eine verschimmelte Pampelmuse mit Schneckenschleimsoße gebissen. „Das waren die Viertklässler von eben. Aber hundertpro!“

„Der mit der schwarzen Jacke baut ständig solchen Mist“, stellte der andere Junge fest.

„Stimmt. Zuerst fand ich ihn cool. Aber das hier ist voll ätzend.“

Nachdem die beiden verschwunden waren, konnte Robert sich endlich wieder bewegen. Zu allem Übel waren ihm auch noch die Beine eingeschlafen. Sie fühlten sich an, als würden etwa neuntausend Ameisen darüberkrabbeln. Stöhnend schüttelte er sie aus, um sie aufzuwecken und die unsichtbaren Tierchen loszuwerden.

Auf dem Boden war kaum noch ein sauberes Fleckchen zu finden. Robert machte einen großen Schritt über den ekligen See. Doch dann … „Hilfe!“, krächzte er leise. Die eingeschlafenen Beine knickten ihm weg, er schwankte und wackelte. Im letzten Moment fand er das Gleichgewicht wieder. *Puh! Das war knapp!*

Als Robert aus seiner Kabine kam, sah er die ganze Schweinerei. Alles war vollgespritzt. *Die sind doch nicht ganz sauber!*, dachte er. Damit meinte er nicht nur die

Wände der Toilette, sondern vor allem drei Ferkel in Menschengestalt.

Als er beim Händewaschen in den Spiegel schaute, blickte ihm ein blasser Junge entgegen. Er versuchte sich zu beruhigen und ging ins Klassenzimmer.

Monsterboy und seine Freunde kicherten geheimnisvoll. Für sie war alles ein riesiger Spaß.

Dennis und Elias wären früher nie auf eine so bekloppte Idee gekommen, da gab es für Robert keinen Zweifel. *Bloß weil sie Monsterboy cool finden, machen sie jede scheußliche Dummheit mit.*

Nicht nur, weil sein Banknachbar sich wie üblich breitgemacht hatte, rückte Robert ins letzte Eck. Heute kamen auch noch Wut und Ekel dazu. Mehr denn je wünschte er sich, dem Monster nie mehr begegnen zu müssen.

7. Vom Petzen und Putzen

Der Ärger kam in der letzten Stunde. Der Schulleiter rauschte plötzlich schnaubend ins Klassenzimmer. Direkt auf Monsterboy stürmte er zu – in solch einem Affenzahn, dass er kaum noch bremsen konnte. „Das ist ja wohl eine riesige Sauerei!“, brüllte er los. „Wie kommt ihr nur dazu, die komplette Jungentoilette zu verpinkeln?“

Das höllenmäßig laute Donnerwetter hätte Robert beinahe vom Stuhl gefegt. Normalerweise kannte er Herrn Ritter als netten, freundlichen Mann, der sich immer sehr gewählt ausdrückte. Aber jetzt ließ ihn die Wut sein gutes Benehmen glatt vergessen.

Monsterboy dagegen machte wieder einen auf cool, hockte lässig auf seinem Platz und zuckte mit den Schultern. „Hab eben nicht getroffen. Kann doch mal passieren“, erwiderte er in gelangweiltem Ton.

„Ach was! Ganz zufällig nicht getroffen“, polterte Herr Ritter weiter. „Genau wie deine Freunde.“ Entrüstet schaute er Murat, Dennis und Elias an. Er wusste also genau Bescheid.

„Ich war’s nicht“, wehrte sich Murat leise. So leise, dass ihn kaum jemand hörte.

Im Gegensatz zu Monsterboy wurden Dennis und Elias ganz still und bekamen eine feuerwehrrote Gesichtsfarbe. Sie duckten sich, als wollten sie am liebsten auf die Größe einer Maus schrumpfen, um nicht gesehen zu werden.

Aber Herr Ritter hatte sie noch immer im Visier. „Euch ist ja wohl klar, was das bedeutet!“, schimpfte er weiter. „Nach der Schule werdet ihr hierbleiben und die Toilette putzen. Und zwar gründlich!“

„Was?“ Monsterboy sprang auf. „Wir sind doch keine Sklaven!“

Die Widerrede war äußerst ungünstig, denn sie machte Herrn Ritter noch wütender. Er schlug so heftig mit der Faust auf den Tisch, dass nicht nur Monsterboys Bleistift einen halben Meter in die Luft sprang. Auch Robert machte vor Schreck einen Hüpfer.

„Glaubst du etwa, die Putzfrauen wollen deine Schweinerei aufwischen?“ Die Stimme des Rektors donnerte durchs Klassenzimmer. „Das werde ich ihnen auf keinen Fall zumuten. Und damit ihr weniger Zeit für dumme Gedanken habt, kehrt ihr morgen Nachmittag zusätzlich den Hof. Ich werde gleich mal bei euren Eltern anrufen und ihnen Bescheid geben.“

„Aber …“ Monsterboy wollte gerade etwas entgegnen, doch er hatte keine Chance.

„Solltest du mir noch einmal widersprechen, finde ich eine weitere Aufgabe für dich“, machte Herr Ritter ihm klar. Der Schulleiter atmete tief durch. Dann wandte er sich an die Klassenlehrerin. „Bitte entschuldigen Sie, liebe Frau Blum“, sagte er in freundlichem Ton. „Aber das kann ich an unserer Schule nicht dulden.“

Frau Blum seufzte. „Ich hoffe, es gibt nicht noch weitere derartige Überraschungen.“ Dabei hatte sie Roberts Banknachbarn fest im Blick.

Monsterboy war sauer. Auf den Schulleiter. Und auf denjenigen, der sie verpetzt hatte. „Tim kann was erleben“, zischte er Dennis und Elias in der Pause zu.

Angestrengt lauschte Robert hinter dem Flieder, um alles verstehen zu können.

„Wieso Tim?“, fragte Elias. Er klang ziemlich wütend. „Du hast das doch alles verbockt. Wegen dir krieg ich Ärger mit meiner Mutter. Und morgen kann ich nicht zum Fußballtraining.“

„Das war echt eine beknackte Idee“, moserte Dennis.

Monsterboy stemmte die Fäuste in die Seiten. „Sagt mal, was soll das?“, wetterte er. „Hab ich euch gezwungen? Nein! Also schiebt jetzt nicht mir die Schuld in die Schuhe. Das habt ihr alles Tim zu verdanken. Er hat uns verpfiffen.“

„Wie kommst du darauf?“, fragte Elias.

„Ist doch logisch“, meinte Monsterboy. „Nur er wusste davon. Er ist abgehauen und gleich zum Rektor gerannt." Am liebsten wollte er Tim sofort einen Denkzettel verpassen, aber der schien sich in Luft aufgelöst zu haben. Für Monsterboy war die Sache klar. „Der versteckt sich vor uns, hundertpro. Weil er ein schlechtes Gewissen hat. Und weil er weiß, dass er eins auf die Rübe kriegt."

Als Robert nach dem Klingeln ins Schulgebäude ging, sah er Tim aus dem Werkraum kommen. Frau Blum folgte kurz darauf. „Vielen Dank für deine großartige Unterstützung, Tim. Bitte entschuldige, dass ich dir deine Pause gestohlen habe. Aber du bist eben wirklich unser bester Zeichner."

„Kein Problem." Tim winkte ab und biss noch eilig in sein Pausenbrot. „Isch mach dann morgen dasch Plakat fertisch", nuschelte er mit vollem Mund.

Frau Blum klopfte ihm lächelnd auf die Schulter. „Mit dieser tollen Werbung werden wir uns beim Schulfest vor Gästen nicht retten können."

Tim hat sich nicht versteckt, wurde Robert klar.

Monsterboy jedoch wusste nichts von Tims Malaktion. Er erwartete ihn schon im Klassenzimmer. „Du Feigling bist vor uns abgehauen", fuhr er ihn an.

„Was? Abgehauen? Wieso?" Verwirrt schüttelte Tim den Kopf.

Monsterboy verpasste ihm einen Schubs. „Weil du gepetzt hast. Wegen dir müssen wir heute länger bleiben und die Drecksarbeit machen."

„Ich hab nicht gepetzt", wetterte Tim. „Und wer Mist baut, muss eben mit einem Denkzettel rechnen."

„Ein Denkzettel? Da hast du recht." Das Monster kochte vor Wut. Blitzschnell schnappte es sich Tims Heft und zerriss es in tausend kleine Stücke.

„Spinnst du?", kreischte Tim. Seine Stimme klang, als wäre er den Tränen nahe. „Ich hab ewig an dem Aufsatz gesessen."

Monsterboy warf ihm einen verächtlichen Blick zu. „Na und? Kannst ihn ja neu schreiben. Während wir putzen. Und wehe, du petzt noch einmal."

Tim verriet nichts. Er behauptete, seinen Aufsatz vergessen zu haben. Auch von den Klassenkameraden sagte niemand, dass die Schnipsel im Papierkorb einmal Tims Heft gewesen waren. Alle hatten Angst, Monsterboys nächstes Opfer zu werden.

Nach dem Unterricht wurden die Pinkler vom Schulleiter abgepasst. Mit Eimer, Putzmittel und Lappen.

„Nein, das …"

Monsterboy wollte gerade widersprechen, da rammte Elias ihm den Ellenbogen in die Seite. „Halt die Klappe!", zischte er. „Ich hab keine Lust, auch noch Fenster zu putzen."

Herr Ritter hatte offensichtlich gute Ohren. „Keine schlechte Idee", meinte er. „Für das Schulfest soll ja alles ordentlich sein. Noch weitere Widerreden und ich biete den Reinemachefrauen eure Dienste an."

Monsterboy schnaubte. Aber er sagte nichts. Stattdessen trottete er mit Eimer und Lappen in die Jungentoilette.

Ein Stück entfernt sah Robert zwei grinsende Drittklässler. Als er an ihnen vorbeiging, erkannte er, dass er ihre Stimmen vor wenigen Stunden in der Toilette gehört hatte.

„Das haben sie davon“, sagte der eine.

„Denen haben wir ’nen schönen Denkzettel verpasst“, meinte sein Freund zufrieden.

Da wusste Robert, wer dem Rektor von der stinkenden Aktion berichtet hatte. Tim war es nicht gewesen.

8. Faule Socke

Das Schulfest rückte in Riesenschritten näher. Nun ging es an die letzten Vorbereitungen. Frau Blum nahm sich noch einmal den Arbeitsplan vor. „Wer von euch bringt Kuchen mit?“

Zwölf Kinder streckten die Hände nach oben.

„Gut, das müsste reichen. Elias, Dennis, Murat und Tim, ihr stellt Stühle und Tische um und unterstützt das Dekorationsteam.“ Sie schaute zu Roberts Tischnachbarn. „Könntest du ihnen helfen?“

„Pff!“ Monsterboy zeigte ihr den Vogel. „Kuchen verkaufen ist doch was für scheintote Gruftis“, lästerte er. „Wieso machen wir nicht was Cooles? Zum Beispiel eine Schießbude. Oder ein Gruselkabinett.“

„Dann bist du die Gruselfigur“, brummte Salim leise.

Frau Blum winkte ab. „Für deine Vorschläge ist es leider zu spät. Den Kuchenverkauf hat die Klasse längst beschlossen.“

„Ich hab mit meiner Mama auch schon die Zutaten eingekauft“, sagte Nelly. „Für eine Tiramisutorte.“

„Mmh, lecker!“ Tim leckte sich die Lippen.

„Ich bringe eine Marzipantorte mit“, verriet Peter. „Mir macht backen Spaß. Ich will mal Konditor werden.“

„Eine Schießbude wäre schon cool“, fand Elias. „Aber Kuchen verkaufen ist auch okay. Da kann man am Ende die Reste futtern.“

Frau Blum lachte. „Falls etwas übrig bleibt … Wahrscheinlich stehen die Leute Schlange, wenn es so tolle Torten gibt. Damit werden wir sicher viel Geld einnehmen."

„Und dann geht's in den Freizeitpark!", rief Tim.

„Ich freu mich schon riesig!" Helene konnte es kaum erwarten.

Einige waren froh, dass der teure Eintritt durch die Einnahmen beim Schulfest finanziert werden sollte. Zum Beispiel Julian. „Ich war noch nie in einem Freizeitpark", flüsterte er seinem Freund Michel zu. „Meine Eltern haben kein Geld dafür."

Die Kinder redeten wild durcheinander, was sie im Freizeitpark alles unternehmen wollten. „Das ist beinahe noch besser als die Übernachtung auf der Burg", fand Marina. Viele stimmten ihr zu.

Frau Blum klatschte in die Hände. „So, jetzt seid bitte wieder leise", unterbrach sie das fröhliche Geschnatter. „Wir müssen die Aufgaben weiter durchgehen, damit auch wirklich alles klappt." Jeder wurde für eine Arbeit eingeteilt. Auf ihrem Plan notierte die Lehrerin, wer wann Kaffee und Kuchen verkaufte, wer die Gäste bediente, die Tische wischte oder das Geschirr spülte. Alles war perfekt organisiert. Eigentlich konnte nichts mehr schiefgehen.

Robert schielte skeptisch zu seinem Banknachbarn hinüber. *Hoffentlich geht mit ihm alles gut,* überlegte er. *Das Monster könnte mit seinen doofen Ideen leicht unser Schulfest verderben.*

Im Schnelldurchlauf flitzten die Bilder der letzten Tage durch seinen Kopf: Monsterboys erster Auftritt in seiner neuen Klasse. Sein freches Verhalten gegenüber Frau Blum. Sein täglicher Streit mit ihr, weil er Kappe und Jacke nicht ausziehen wollte. Wie er andere Kinder ärgerte, den Schulhof verwüstete und den Ball des kleinen Jungen auf die Straße schoss. Die Sache mit dem Rollator der alten Frau war besonders fies gewesen. Dann die eklige Pinkelgeschichte und Tims zerrissenes Aufsatzheft.

Seiner Beliebtheit hatte nicht alles gutgetan. Tim war stinksauer wegen des Heftes, Dennis, Murat und Elias wegen des verdorbenen Nachmittags. Herr Ritter und der Hausmeister hatten nämlich pingelig darauf geachtet, dass die Jungs den Hof gründlich putzten, damit beim Schulfest alles ordentlich war. Außerdem hatten die drei wegen der Sache Stress mit ihren Eltern.

Monsterboy ließ sich jedoch nicht unterkriegen. In den letzten Tagen waren sogar noch mehr Gemeinheiten dazugekommen. Zum Beispiel im Sportunterricht, als er beim Fußball andere foulte. Tim rammte er sogar den Ellenbogen in den Magen. Immerhin musste er den Rest des Spiels auf der Bank sitzen. Und obwohl er gut kickte – danach war er kein Fußballheld mehr.

Auf der anderen Seite gab es den Doppelgänger, der in Wirklichkeit keiner war. Denn es konnte einfach nicht sein, dass zufällig ein Junge, der Monsterboy bis aufs Haar glich, zur selben Zeit in die Stadt gezogen war. Und dass der Neue keinen Zwillingsbruder hatte, wusste Robert mittlerweile. Es musste also Monsterboy gewesen sein, der der alten Frau hilfsbereit die schwere Tasche geschleppt und dem Mann mit Gipsbein im Bus den Platz überlassen hatte.

Die Geschichte mit dem Minikicker konnte Robert auch kaum glauben. Sie passierte einen Tag, nachdem dem Fußball des Jungen durch den Autounfall für immer die Luft ausgegangen war:

Monsterboy flüsterte dem Erstklässler etwas ins Ohr. Der rannte zu einem Busch und fand dahinter einen nagelneuen Fußball. Hatte Monsterboy ihn besorgt? Konnte es sein, dass er seinen Fehler wiedergutmachen wollte?

„Robert?" Frau Blum riss ihn aus seinen Gedanken. „Du bist dann mit Salim fürs Geschirrspülen verantwortlich."

Robert nickte. Hauptsache, er musste nicht mit dem Stachelmonster zusammenarbeiten.

Und dann war er da, der Tag des großen Festes. Die Schule war toll dekoriert. Kaum zu glauben, dass in den festlichen Räumen sonst Diktate und Mathetests geschrieben wurden.

Die Klassen hatten sich eine Menge ausgedacht. Es gab einen Flohmarkt, eine Bastelstube, ein Glücksrad, eine Losbude, Torwandschießen, Musikvorführungen und sogar einen Minizirkus. Auch für Speisen und Getränke war gesorgt: Die Kinder verkauften Hotdogs, Gemüseburger, Popcorn und frisch gepresste Säfte. Und in der Klasse 4b wurde man mit Kaffee, Kakao und leckeren Kuchen und Torten verwöhnt.

Die Backwerke verbreiteten einen herrlichen Duft. Auch das Klassenzimmer sah sehr einladend aus. Elias, Dennis, Murat und Tim hatten gemeinsam die Möbel umgestellt und danach Lampions aufgehängt. Andere Kinder hatten die Tische geschrubbt und mit Blumen und Kerzen dekoriert.

Nur Monsterboy kam mal wieder zu spät. Als er endlich auftauchte, machte er es sich gleich bequem. Mit gelangweilter Miene lümmelte er sich auf einen Stuhl und ließ die anderen arbeiten. Statt Muskelkraft lieferte er dumme Sprüche – davon allerdings jede Menge.

Salim schielte zu ihm hinüber und schüttelte den Kopf. „Du bist echt 'ne faule Socke", murrte er.

„Na und?" Monsterboy zuckte mit den Schultern. „Besser 'ne faule Socke als ein Stinkstiefel."

„Salim hat recht." Mühsam schabte Ayla einen alten Kaugummi unter einem Tisch ab. „Wir schuften uns hier einen ab und das schwarze Stachelschwein grunzt nur blöd rum."

„Ayla, wir haben keine grunzenden Schweine in der Klasse", bemerkte Frau Blum. „Aber ich bin auch der Meinung, dass jeder helfen sollte. Ist doch sonst unfair gegenüber den Klassenkameraden."

„Pah, ich hab aber keine Lust auf das blöde Kaffeekränzchen. Ich geh lieber nachsehen, was die anderen machen." Ohne sich um das empörte Schnauben der Lehrerin zu kümmern, schaute er zu Dennis und Elias. „Kommt ihr mit?"

Dennis schüttelte den Kopf und reichte Elias eine Girlande auf die Leiter. „Hab keine Zeit. Wir müssen hier noch was tun."

Auch Elias und Murat hatten kein Interesse daran, mit Monsterboy loszuziehen. Seit der Hofputzaktion hielten sie sich von ihm fern. Ein verdorbener Nachmittag und Stress mit den Eltern waren Ärger genug. Dazu kamen böse Bemerkungen von Mitschülern, die sie als eklige Pinkelbande beschimpften. Sogar Laura verdrehte jetzt häufiger genervt die Augen, anstatt ihrem ehemaligen Schwarm verliebte Blicke zuzuwerfen.

„Ist besser, wenn du gehst", meinte Marina. „Dein blödes Gequatsche braucht hier nämlich keiner."

Monsterboy vergrub die Hände in den Hosentaschen. Ohne sich weiter um die Nörgeleien der anderen zu kümmern, stapfte er aus dem Klassenzimmer.

Auch ohne seine Hilfe war eine Viertelstunde vor Beginn des Festes alles fertig. Eine Tischreihe mit zwölf prachtvollen Torten wartete auf hungrige Gäste. Kaffee und Kakao waren gekocht, Milch, Zucker, Geschirr und Besteck standen bereit. Peter, Nelly und zwei weitere Kinder hatten ihren Arbeitsplatz an der Kuchentheke eingenommen. Annika und Emmi waren für die Kasse zuständig. Drei Kinder sollten die Gäste bedienen. Robert und Salim warteten darauf, schmutziges Geschirr zu spülen.

„Hoffentlich kommt ganz viel Geld zusammen." Annika drückte die Daumen. „Damit es für den Freizeitpark reicht."

Peter nickte, während er seine reich verzierte Marzipantorte vorsichtig in sechzehn Stücke aufteilte. „Ich fahr dann auf jeden Fall mit der Achterbahn."

An der Tür hing das kunstvolle Plakat, das Tim gemalt hatte. „Café 4b" stand in großer Schrift über einer Zeichnung mit riesigen Torten und einer dampfenden Tasse. Darunter warb es mit dem Spruch: „Sie müssen nicht mehr suchen – hier gibt's leckeren Kuchen!" Nun fehlten nur noch die Gäste.

9. Café des Grauens

Trotz der tollen Vorbereitungen war bei der 4b zunächst kaum etwas los. Bei den Hotdogs standen die Leute Schlange. Im Café dagegen saßen nur zwei ältere Damen.

Murat kam herein, mit einem viel zu großen Fußballtrikot. „Schaut mal, hab ich beim Glücksrad gewonnen“, verkündete er stolz. Dann schaute er sich um und das Grinsen verschwand aus seinem Gesicht. „Ist ja voll leer hier.“

Elias war der Nächste. „Oh Mann, bei uns ist tote Hose“, stellte er enttäuscht fest.

Nun schlurfte Monsterboy ins Klassenzimmer. Mit abfälligem Grinsen deutete er auf die beiden Seniorinnen. „Pff, ich hab euch doch gleich gesagt, der Kuchenkram ist was für scheintote Omas.“

Frau Blum stemmte entrüstet die Fäuste in die Seiten. „Solche Sprüche wollen wir hier nicht hören. Du solltest dich bei den Damen sofort entschul…“

Bevor sie den Satz zu Ende bringen konnte, schob sich etwa ein Dutzend Gäste ins Café. Das waren keine Omas, sondern junge Familien mit Kindern. Sie bewunderten die schönen Kuchen und Torten, bestellten hiervon und davon. Dazu Kaffee und für die Kinder natürlich Kakao. Nun hatten die Viertklässler alle Hände voll zu tun.

Eine Frau hatte acht Euro zu bezahlen. Sie reichte Annika einen Zehneuroschein. „Stimmt so“, sagte sie.

„Vielen Dank!“ Freudestrahlend legte Annika das Geld in die Kasse.

Robert saß in einer Ecke und wartete. Bis jetzt hatte er nichts zu tun. Mit der Hand verscheuchte er eine fette Fliege, die vor seinem Gesicht herumschwirrte.

Kurz darauf knallte Monsterboy seine Schirmmütze auf den Tisch. *Was soll das nun wieder?*, fragte sich Robert. Er beobachtete, wie Monsterboy seine Totenkopfkappe wieder aufsetzte und etwas Kleines, Schwarzes vom Tisch aufpickte.

„Könnte ich bitte ein Stück Schwarzwälder Kirschtorte haben?“, fragte ein Mann.

„Ich bring es Ihnen“, versprach Monsterboy eifrig.

Frau Blum lächelte ihn an. „Schön, dass du hilfst“, lobte sie.

Robert ließ seinen Tischnachbarn nicht aus den Augen. Der schob gerade ein Stück Torte auf einen Teller. Und dann … *Was macht er da? Hat er etwas in die Torte gedrückt?*

„So, bitte schön“, sagte Monsterboy und servierte dem Gast den gewünschten Kuchen. „Macht zwei Euro.“

Der Mann bezahlte und Monsterboy reichte das Geld an Annika weiter. Alles schien gut zu laufen. Es kamen sogar noch mehr Leute ins Café und schauten sich um.

„Sie suchen einen Platz? Hier ist noch etwas frei“, sagte Monsterboy höflich. Er nahm einen Stuhl und bot ihn einem Herrn an.

„Danke schön“, entgegnete der Gast und wollte sich setzen. Genau in diesem Augenblick zog Monsterboy den Stuhl weg. Der Mann knallte mit voller Wucht auf den Boden. „Autsch! Kannst du nicht besser aufpassen?!“, schimpfte er. Mühsam stand er auf und rieb sich das schmerzende Hinterteil und den Rücken. Er warf Monsterboy einen giftigen Blick zu. „Ich hoffe, das war keine Absicht!“

Frau Blum eilte herbei. „Aber nein, ganz sicher nicht. Entschuldigen Sie bitte vielmals.“ Sie versuchte ein Lächeln. „Dürfen wir Sie einladen? Als Entschädigung für das Missgeschick?“

„Na gut. Kann ja mal passieren.“ Stöhnend setzte sich der Mann auf den Stuhl und bestellte ein Stück Marzipantorte.

Monsterboy ging grinsend zur Verkaufstheke.

„Ich hätte gern noch eine Tasse Kaffee“, meldete sich eine Frau.

„Kommt sofort!“, rief Monsterboy – schneller als die eingeteilten Bedienungen hätten „piep!“ sagen können. Er schnappte sich eine Kaffeekanne von der Theke, nahm die Tasse der Frau vom Tisch und goss ein. Und goss noch mehr ein …

„Aaaah!“, kreischte die Frau und sprang auf. „Was soll das?“ Ihre ehemals weiße Hose hatte einen riesigen braunen Fleck. Mit einer Serviette putzte sie hektisch an dem Monsterklecks herum. Dadurch wurde er aber nur noch größer. „Ich … das … du … mir fehlen die Worte!“, stotterte sie verzweifelt.

Jetzt lächelte Frau Blum nicht mehr. Bleich vor Schreck und unbeweglich wie eine Statue starrte sie auf die Katastrophe. Bis eine donnernde Stimme sie zusammenzucken ließ.

„Was ist das denn?“ Der Mann mit der Schwarzwälder Kirschtorte sprang auf. „Eine tote Fliege! In der Torte!“

Eine Dame, die mit am Tisch saß, schaute sich das Tortenstück an. „Igitt, das ist ja eklig!“, zeterte sie, verzog das Gesicht und schob den Rest ihres eigenen Kuchens weg. „Nein, hier will ich nichts mehr essen.“

„Du meine Güte! Wie peinlich!“ Frau Blum hatte wieder eine Stimme, aber sie klang piepsig vor Verzweiflung. „Das tut mir schrecklich leid, bitte entschuldigen Sie. Selbstverständlich bekommen Sie das alles geschenkt.“

„Na, das sind ja tolle Geschenke!“, polterte der Mann. „Einer bekommt eine Schramme am Hinterteil, die Dame eine verdreckte Hose und ich Ungeziefer in der Torte. Auf diese Geschenke können wir verzichten!“ Er nahm seinen Sohn an der Hand und gab seiner Frau einen Wink. „Kommt, wir verschwinden! Hier ist man ja seines Lebens nicht sicher.“

Danach ging alles ganz schnell. Beinahe gleichzeitig stürmten die Gäste schimpfend aus dem Café: „So eine

Unverschämtheit.“ – „Die Kinder haben keine Manieren.“ – „Wie krieg ich nur die Hose sauber?“ – „Der Rücken tut mir so weh. Ich muss zum Arzt.“ – „Und dafür hab ich sogar Trinkgeld gegeben!“

„Aber ich wollte doch noch ein Stück Erdbeerkuchen“, quengelte ein Mädchen.

Seine Mutter schüttelte den Kopf. „Von hier wollen wir nichts. Wir holen Popcorn für dich.“

Dann waren alle weg. Die Schüler der 4b waren traurig. Und wütend auf Monsterboy.

„Sag mal, spinnst du? Wieso hast du das gemacht?“, wetterte Annika.

„Mann, das Benehmen ist echt monstermäßig daneben!“, schnaubte Salim.

„Das hat Folgen“, versprach Frau Blum mit finsterer Miene.

Monsterboy zuckte bloß mit den Schultern. „Wieso? Kann doch jedem mal passieren.“

„Haha! Kann doch jedem mal passieren“, äffte Alex ihn nach. „Du hast das mit Absicht gemacht!“

„Das will ich nicht hoffen.“ Stöhnend holte sich Frau Blum einen Lappen und wischte den Kaffeefleck vom Boden auf.

Kurz darauf kamen wieder einige Leute und bestaunten die herrlichen Torten. Doch im nächsten Moment wurden sie von anderen zurückgehalten. „Hier dürft ihr nichts kaufen", sagte eine Frau. „Da kriegt man Ungeziefer serviert, wird mit brühendem Kaffee übergossen und bekommt dazu einen Tritt ins Hinterteil."

So ging es weiter. Eine Stunde später verbreitete jemand das Gerücht, die Torten seien vergiftet. Irgendwer behauptete sogar, gehört zu haben, die Kinder hätten Gäste überfallen und ausgeraubt. Es war der reinste Krimi. Zum Glück kam nicht die Polizei, um die komplette 4b zu verhaften.

Nur noch zwei alte Damen wagten sich in die „Verbrecherhöhle". Sie genossen ihren Kaffee und den leckeren Kuchen. Danach verließen sie das Café 4b quietschvergnügt, ohne vergiftet oder beraubt worden zu sein.

Das Schulfest neigte sich dem Ende zu. Die Kuchentheke war voll, die Kasse gähnend leer, die Stimmung im tiefsten Keller.

Frau Blum seufzte. „Kinder, ich glaube, wir können anfangen aufzuräumen", sagte sie mit traurigem Gesicht und hängenden Schultern. „Ich geh nur schnell einen Besen holen."

Für Robert und Salim gab es nicht viel zu spülen. Zwölf Tassen Kaffee hatten sie verkauft, sechs Tassen Kakao und vierzehn Stück Kuchen.

„So viel Arbeit für nix“, stöhnte Peter.

„Das haben wir nur dem blöden Monster zu verdanken“, brummte Nelly und deutete mit dem Kopf auf den Neuen mit der schwarzen Stacheljacke.

„Leute, ist doch super!“, rief Monsterboy. „Jetzt ist umso mehr Kuchen für uns übrig.“ In Windeseile schaufelte er sich drei Stück Torte auf einen Teller.

„He, das wird aber bezahlt“, fuhr Annika ihn an.

„Spinnst du?“, blaffte Monsterboy zurück. „Aber bitte, kannst das Zeug zurückhaben.“ Er grapschte in seinen Teller und klatschte Annika eine extragroße Portion Sahnetorte ins Gesicht.

„Iiih!“ Annika wischte sich die schmierige Masse von der Wange. „Bist du jetzt voll übergeschnappt?“

Tim schüttelte den Kopf. „Der ist doch nicht ganz sauber.“

„Du gleich auch nicht mehr!“ Frech grinsend stürmte Monsterboy zur Kuchentheke, langte mit beiden Händen in die Tiramisutorte und pfefferte eine volle Ladung auf Tim.

Der aber duckte sich rechtzeitig und das sahnige Gebäck landete an der Wand.

„Neiiin!“ Nelly begann zu schluchzen. „Unsere schöne Torte! Meine Mama und ich haben so lange daran gearbeitet.“

Alex nickte verständnisvoll und verdrückte eine Träne. „Außerdem spielt man nicht mit Essen."

Helene blickte verzweifelt auf die Kuchenreste. „So hab ich mir das Schulfest nicht vorgestellt."

„Und ich hab extra mein Fußballspiel sausen lassen", brummte Murat.

Auch bei Emmi kullerten die Tränen. „Alles war viel besser, bevor der Neue in die Klasse gekommen ist."

„Ich dachte mal, er wäre cool", gab Laura zu. „Aber der ist nur ein doofer Angeber."

Monsterboy putzte die sahneverschmierten Hände und sein Gesicht an einem Geschirrtuch ab. „Mann, ihr versteht überhaupt keinen Spaß", maulte er und warf das verdreckte Tuch auf den Boden. Dann drehte er sich um und brauste davon.

Robert schaute ihm nachdenklich hinterher. *Wieso verhält er sich so beknackt? Manchmal ist er echt nett. Und dann benimmt er sich wieder wie ein Ungetüm. Meint er etwa, das wäre cool? Oder steckt vielleicht etwas anderes hinter seinem bescheuerten Verhalten?*

Kurz darauf kam Frau Blum mit dem Besen zur Tür herein. Entsetzt starrte sie auf die Tortenreste, die an Kindern, Wänden, Tischen und Boden klebten. „Was ist denn hier schon wieder passiert? Wer war das?", erkundigte sie sich aufgebracht.

„Monsterboy!“, kam die Antwort im mehrstimmigen Chor.

Frau Blum schüttelte den Kopf. „Hätte ich mir denken können“, murmelte sie leise.

Dann fingen sie an aufzuräumen. Alle halfen mit. Alle außer Monsterboy.

10. Schwarze Gefahr

Am Montag wurde Monsterboy empfangen wie ein Schwerverbrecher. Seine Mitschüler waren sauer. Stinksauer.

Von allen Seiten trafen ihn lautstarke Anschuldigungen: „Du bist schuld!“ – „Du hast alles verdorben!“ – „Wegen dir können wir nicht in den Freizeitpark!“ – „Du bist ein fieses Monster!“ – „Bevor du gekommen bist, war alles besser!“ – „Vo...voll be...be...beknackter Feigling!“

Er wurde geschubst und geboxt. Als gäbe es einen Wettkampf, wer am gemeinsten sein kann.

Als Frau Blum kam, setzten sich alle schnell auf ihre Plätze. „Es tut mir leid, dass unser Schulfest für euch so unglücklich verlaufen ist“, sagte sie.

„Daran ist nur Monsterboy schuld!“ – „Der tickt doch nicht richtig!“ – „Genau, der hat nicht alle Tassen im Schrank.“ – „Alles macht er kaputt.“ – „Und ist immer total fies zu anderen.“

Heute musste Robert sich nicht an den Tisch quetschen. Er bemerkte, wie sein Nebensitzer unter den Beschimpfungen immer kleiner wurde. Wie ein Luftballon, aus dem man die Luft herauslässt.

Einerseits haben sie recht, dachte Robert. *Aber andererseits – alle auf einen, das ist unfair. Keiner hält zu ihm. Nicht mal seine früheren Freunde.*

Robert fiel auf, dass sein Tischnachbar zitterte. Außerdem hatte er feuchte Augen. Das war gar nicht typisch für den megacoolen Monsterboy. Beinahe tat er ihm sogar leid.

„Der Neue ist das fieseste Monster der Welt", fand Helene. „Der soll wieder verschwinden."

„Na, na", griff die Lehrerin ein. „Ich verstehe ja, dass ihr sauer seid. Das ungehörige Verhalten wird auch Folgen haben. Aber wir werden unseren neuen Mitschüler sicher nicht verjagen."

„Wieso nicht?", fragte Emmi. „Der baut doch nur Mist."

„Keiner will Monsterboy hier haben", war Annika überzeugt.

„Genau!", schrie Elias in die Richtung der schwarzen Stacheljacke. „Hau endlich ab!"

Als hätte er auf dieses Stichwort gewartet, sprang Monsterboy so schnell auf, dass sein Stuhl auf den Boden krachte. Er rannte aus dem Klassenzimmer und warf die Tür hinter sich zu.

Was hat er jetzt vor? Robert blickte auf den leeren Platz neben ihm. *Vielleicht macht er gleich noch schlimmeren Unsinn. Rennt in ein Auto oder so. Jemand muss etwas unternehmen. Wieso tut denn keiner was?* Kreuz und quer rasten seine Gedanken.

Und dann öffnete sich Roberts Mund. Ohne sein Zutun. Er sprach einfach los. „Kann ich nach ihm sehen?", fragte der Mund.

Die ganze Klasse starrte auf Robert. Wirklich jeder. Garantiert glotzte ihn sogar die Mücke an, die am Fenster hockte. Nur durch den einen Satz war Roberts Unsichtbarkeit plötzlich verschwunden. Und er hatte keine Gelegenheit, sich zu verstecken. Er spürte, wie sein Herz pochte und ihm das Blut in den Kopf stieg.

Auch Frau Blum wirkte überrascht. „Ja, gerne, Robert. Sieh nach, was er macht."

Eilig lief er aus dem Klassenzimmer. Sogar draußen konnte Robert noch die Blicke der anderen spüren. Aber darüber durfte er sich jetzt keine Gedanken machen. Monsterboy brauchte Hilfe, das war ihm klar.

Eigentlich ist er ein blödes Monster, das nur jede Menge Mist baut, dachte Robert. Doch dann blitzten Bilder vor ihm auf, wie sein Tischnachbar der alten Frau mit der schweren Tasche und dem Mann mit Gipsbein geholfen hatte. Und auch wenn es nicht die feine Art gewesen war, die Jugendbande mit dem Fahrrad zu stoppen – zumindest hatte er so den bedrohten Drittklässler gerettet.

Monsterboy war nirgends zu sehen. *Wohin könnte er gegangen sein?,* überlegte Robert. *Nach Hause? Eher nicht. Wie soll er seiner Mutter dort erklären, dass er nicht in der Schule ist?*

Statt nach links bog Robert deshalb nach dem Schulhof rechts ab, in Richtung Stadtmitte. Noch immer donnerte sein Herz gegen die Brust. Nicht nur, weil er seine Unsichtbarkeit verloren hatte. Und nicht nur, weil er die Strecke im Dauerlauf zurücklegte. Nein, er machte sich auch Sorgen um seinen Nebensitzer.

Plötzlich entdeckte er ihn. Robert legte eine Vollbremsung ein und versteckte sich schnell hinter einem parkenden Auto. Der Gesuchte war auf der anderen Straßenseite. Interessiert betrachtete er drei riesige Motorräder von allen Seiten.

Puh, alles okay, dachte Robert und atmete erleichtert auf. Sein Versteck war ein perfekter Beobachtungsposten. *Er hebt etwas vom Boden auf. Was ist das?* Robert kniff die Augen zusammen. Wie ein Stück schwarzweißer Stoff sah es aus. Ein Wimpel vielleicht.

Eilig steckte Monsterboy seinen Fund in die Tasche und ging los. Doch kurz darauf schien er es sich anders zu überlegen, drehte um und betrachtete wieder die Maschinen. Dann machte er sich daran zu schaffen.

Robert zog die Stirn in Falten. *Was fummelt er da rum? Er sollte besser die Finger von den fremden Motorrädern lassen!* Nervös kaute Robert an seinen Nägeln.

Dann sah er sie. Mehrere schwarze Jacken. Ähnlich wie die seines Schulkameraden, aber ungefähr fünfzig Nummern größer. Sie gehörten zu drei Männern, riesig wie Bären, vermutlich ebenso kräftig und mit grimmigen Blicken. Die Kolosse kamen aus einem Laden und gingen auf die Motorräder zu.

Die wirken aber nicht so nett wie die Motorradclique unseres alten Nachbarn, dachte Robert. *Genau genommen sehen sie ziemlich schlecht gelaunt und bösartig aus.* Sein ehemaliger Nachbar hatte auch eine schwarze Lederkluft, aber er war immer freundlich und gut drauf gewesen. Einmal durfte Robert sogar ein Stück auf dem Motorrad mitfahren. Die finsteren Typen auf der anderen Straßenseite machten dagegen nicht den Eindruck, als wollten sie einen kleinen Jungen zu einer Spritztour einladen.

Monsterboy bemerkte sie nicht. Vielmehr hantierte er an einer Maschine herum, als wäre sie seine eigene.

„He, was machst du da?“, donnerte eine Bärenstimme bis in Roberts Trommelfell. „Ich glaub’s nicht! Der halbe Gartenzwerg hat mir meinen Wimpel geklaut!“ Der Mann, zu dem die Stimme gehörte, trampelte mit geballten Fäusten auf Monsterboy zu.

„Nein, ich hab …“, piepste es aus der kleinsten der vier Lederjacken. Monsterboy sprach nicht weiter, sondern ließ das Stück Stoff fallen und legte einen superschnellen Start hin.

Doch die Bären waren erstaunlich flink. Wie der Blitz versperrte ihm der zweite Koloss den Weg. „Was, du willst dich aus dem Staub machen, du Früchtchen?“, knurrte das Ungetüm. Es schnappte ihn am Kragen, hob ihn in die Luft und ließ ihn wieder fallen.

Ein weiteres Muskelpaket hielt Monsterboy eine fußballgroße tätowierte Faust unter die Nase und brüllte: „Wenn du meinst, dass du einfach abhauen kannst, hast du dich geschnitten!“

Auweia, das sieht gar nicht gut aus. Roberts Fingernägel waren kaum noch vorhanden und sein Herz schlug ihm bis zum Hals.

„Mir klaut keiner was!“, schrie der Erste, etwa in der Lautstärke eines landenden Hubschraubers. Er verpasste Monsterboy einen so heftigen Schubs, dass der mit Karacho auf dem Boden landete. Doch anscheinend war das dem Riesenbären nicht genug. Er zerrte den Jungen vom Boden hoch und brüllte ihm ins Gesicht: „Das wird dir noch leid tun!“

„Aber ich ...“ Der Rest des Satzes wurde von Monsterboys heftigem Schluchzen verschluckt.

Verflixt, wieso kommt denn keiner? Irgendjemand muss ihm doch helfen! Die machen sonst Kleinholz aus ihm!

Robert wurde schon schwindlig vor Angst um seinen Klassenkameraden.

Und dann drohte das schwarze Ungetüm tatsächlich: „Ich mach Kleinholz aus dir!“ Als hätte es Roberts Gedanken gehört. Es schnappte sich den Jungen und schüttelte ihn durch.

Roberts Kopf konnte nicht mehr denken. Stattdessen liefen seine Beine los. Ganz von allein und so schnell sie konnten. Direkt auf die drei Riesenbären zu. Und sein Mund begann zu sprechen: „Halt, nicht! Sie dürfen ihm nichts tun!“

Aus dem Augenwinkel sah Robert den überraschten Blick seines Tischnachbarn.

„Wieso dürfen wir ihm nichts tun, du mickriger Mistkäfer?“, knurrte der mit der Riesenfaust. „Sollen wir dich dafür verdreschen? Also, komm her!“

„Nein“, sagte Robert leise und spürte, wie die Kraft aus seinen Beinen wich. Gerade so, als hätte er keine Muskeln mehr. Doch jetzt durfte er nicht schlappmachen. „Er hat gar nichts geklaut. Der Wimpel lag auf dem Boden und er hat ihn nur aufgehoben.“

Monsterboy nickte heftig. „Genau“, schniefte er. „Damit er nicht wegfliegt. Ich wollte ihn gerade wieder befestigen.“

Zitternd bückte Robert sich nach dem Stückchen Stoff, das den riesigen Ärger verursacht hatte. Dabei erkannte er einen weißen Totenkopf auf dem schwarzen Wimpel. Wie auf Monsterboys Kappe sah er aus. Schnell drückte er ihn dem Besitzer in die Hand. „Hier, bitte schön.“

Der Riese verengte seine Augen zu Schlitzen. „Verschwindet, bevor ich mich vergesse“, zischte er.

Da bemerkte Robert, dass er noch ein paar Muskeln in den Beinen hatte. Zum Glück. Auch sein Klassenkamerad sammelte die restlichen Kräfte. Zusammen rasten sie auf und davon, so schnell, als sei eine Horde Bären hinter ihnen her.

Vier Häuserblocks weiter ging Robert die Puste aus. „Ich kann nicht mehr“, japste er.

Selbst Monsterboy schnaufte wie ein Walross mit Erkältung. Er boxte seinem Nebensitzer leicht gegen die Brust. „Danke! Du hast mich vor einer Tracht Prügel gerettet. Mindestens.“ Nach einer kurzen Pause fügte er hinzu: „Das hätte ich gar nicht von dir gedacht.“

„Ich auch nicht“, stieß Robert aus. Er keuchte vor Atemnot, sein Herz donnerte gegen die Brust, seine Muskeln schienen sich endgültig zu verabschieden und er schlotterte noch immer vor Angst. Zudem war er kein bisschen unsichtbar. Trotzdem fühlte er sich gut. So gut wie schon lange nicht mehr.

„War supermutig von dir!“ Monsterboy räusperte sich. „Sag mal … hast du Lust, heute Nachmittag zu mir zu kommen? Zum Spielen?“ Er hörte sich unsicher an. Gar nicht wie der monstermäßige Fiesling, der ständig Schwächere ärgerte und tonnenweise Unsinn machte.

Ein Lächeln huschte über Roberts Gesicht. Seit er in dieser Stadt wohnte, hatte ihn kein Kind zu sich eingeladen. „Okay“, antwortete er. Nun fühlte er sich sogar noch besser.

11. Der Neue

„Hallo, ich … äh …“ Verdutzt starrte Robert den blonden Jungen an, der ihm die Tür öffnete. „Bist du … Monsterboy? Wo ist deine schwarze Jacke?“

Der fremd und gleichzeitig bekannt wirkende Junge grinste. „Trage ich zu Hause nie. Außerdem … Ich will nicht so aussehen wie die gehirnamputierten Grizzlys von heute Morgen.“ Er stellte sich in eine bullige Pose und machte ein dümmliches Gesicht.

Robert tat es ihm gleich. Er fletschte die Zähne, hielt dem Jungen die Faust vor die Nase und grunzte: „Ich mach Kleinholz aus dir!“ Am Morgen hätten sich die beiden beinahe in die Hosen gemacht vor Angst. Doch jetzt konnten sie darüber lachen.

Monsterboy, der gar kein Monsterboy mehr war, schob Robert ins Kinderzimmer. An den Wänden hingen Fußballposter und eine Dartscheibe. Das Bett hatte einen Star-Wars-Bezug. Anscheinend war er Fan – wie Robert. Auf dem Bett lagen einige Comics. „Setz dich doch! Übrigens, ich heiße Jo. Das kommt von Johannes.“

Eigentlich wollten sie spielen. Aber dann begannen sie zu quasseln. Schnell stellten sie fest, wie viele Gemeinsamkeiten sie hatten. Nachdem sie sich eine ganze Weile unterhalten hatten, fragte Robert nach Jos Familie. Da sah er auf einmal ziemlich traurig aus.

„Mein Vater hat sich in eine andere Frau verliebt und ist abgehauen“, verriet Jo leise. „Danach hatte ich schreckliche Träume: dass auch meine Mutter verschwindet, dass meine Freunde mich nicht mehr haben wollen und anderes übles Zeug.“

Robert seufzte. „Bei uns war es ähnlich. Meine Eltern hatten einen riesigen Streit. Der ganze Ort wusste davon. Mir war das furchtbar peinlich. Am liebsten hätte ich mich in einer Höhle verkrochen.“

„Verhältst du dich deshalb so, dass keiner dich bemerkt?“, rätselte Jo.

Robert nickte nachdenklich. Seit sie hier wohnten, hatte er sich versteckt – mitten unter den Menschen. „Und weshalb bist du zum schwarzen Stachelmonster geworden?“, fragte er.

„Weiß ich selbst nicht so genau. Alles war ganz plötzlich anders, seit mein Papa weg war. Jetzt wohnen wir in einer fremden Stadt und meine Freunde sind ewig weit entfernt.“ Nach einem tiefen Seufzer fuhr er leise fort: „Den Jo von früher gibt's nicht mehr.“ Schnell wischte er eine kleine Träne weg. „Außerdem hatte ich ehrlich gesagt ein bisschen Angst vor der neuen Schule und den fremden Kindern. Ich wollte doch nur besonders cool sein und dachte, so würde ich leichter Freunde finden.“

Robert grinste schief. „In Wirklichkeit bist du manchmal besonders doof gewesen." Der Doppelgänger, der keiner war, fiel ihm wieder ein. „Mutig warst du aber auch. Zum Beispiel, als du mit dem Fahrrad durch die Jugendbande geprescht bist."

Jo kratzte sich verlegen am Kopf. „Ähm, also … das war keine Absicht. Da klemmten nur meine Bremsen."

Lachend knuffte Robert seinen neuen Kumpel in den Arm. „Dann warst du der große Held, nur weil du kaputte Fahrradbremsen hattest? Mann, das nenn ich Glück! Und wie war das mit der alten Frau, der du die Tasche getragen hast?"

„Woher weißt du das denn?", fragte Jo überrascht. „Na ja, ich hatte Mitleid. Eigentlich bin ich doch gar kein Monster. In der Schule hatte ich angefangen, den harten, obercoolen Typ zu spielen. Das musste ich durchziehen. Aber wenn ich dachte, keiner aus der Klasse wäre in der Nähe …"

„… dann hast du dich getraut, nett zu sein", beendete Robert den Satz.

Über zwei Stunden blieb Robert bei seinem Tischnachbarn. Über zwei Stunden redeten sie. Immer wieder entdeckten sie neue Gemeinsamkeiten.

„Ich finde, du solltest deine Jacke im Schrank lassen", meinte Robert, als er sich verabschiedete.

„Vielleicht", überlegte Jo. „Und du solltest dich nicht mehr unsichtbar machen."

„Vielleicht." Grinsend ging Robert nach Hause.

Am nächsten Morgen setzte sich ein Junge mit leuchtend rotem Sweatshirt und einem vorsichtigen Lächeln auf Roberts Platz in der 4b. Verwunderte Blicke wurden ihm zugeworfen.

„Hallo, Robert", grüßte Salim. Bisher hatte er ihn nie gegrüßt.

„Die Farbe steht dir gut", lobte Nelly.

Robert spürte, wie sein Gesicht rot anlief – passend zu seinem Sweatshirt. *Das steh ich jetzt durch. Ich will mich nicht mehr verstecken,* dachte er.

Der Platz neben ihm war leer. Auch dann noch, als es zum Unterrichtsbeginn läutete und Frau Blum ins Klassenzimmer kam. „Oh, Robert, du siehst so frisch aus", stellte die Lehrerin fest. „Sag mal, weißt du, wo dein Tischnachbar heute ist?"

Bevor Robert antworten konnte, öffnete sich die Tür. Ein blonder Junge kam herein, in Jeans und leuchtend blauem T-Shirt mit Star-Wars-Aufdruck. „Entschuldigung, ich musste noch schnell meine Schultasche im Sekretariat holen", sagte er und setzte sich auf den Stuhl neben Robert.

Alle Köpfe drehten sich zu dem Neuen um, mit aufgerissenen Augen und Mündern. Auch die Lehrerin starrte ihn an, als hätte sie noch nie einen Zehnjährigen mit modischer Strubbelfrisur gesehen. „Du bist … Mon…"

„Jo, ich heiße Jo", stellte der Junge sich vor. „Das kommt von Johannes."

Frau Blum lächelte. „Herzlich willkommen, Jo. Schön, dass du da bist. Falls statt des Jungen mit der schwarzen Lederjacke künftig du zu uns kommst, freue ich mich ganz besonders", sagte sie mit einem Augenzwinkern.

„Ach ja", setzte Jo an. „Ich möchte mich noch für ihn entschuldigen. Weil er sich so blöd benommen hat. Vor allem beim Schulfest." Er zog einen Briefumschlag aus der Tasche. „Das habe ich von meinem Papa zum Geburtstag bekommen. Hundert Euro. Die will ich der Klasse schenken, für den Freizeitpark." Nun wurde auch er so rot wie Roberts Sweatshirt.

Ein überraschtes Raunen ging durch die Klasse. Einige klatschten Beifall.

„Das ist sehr großzügig von dir, vielen Dank", sagte Frau Blum. „Ich weiß noch nicht, ob wir das Angebot annehmen können. Vielleicht gibt es ja noch andere Ideen, um die Klassenkasse für den Ausflug zu füllen.

Aber jetzt müssen wir erst mal Sachkunde machen.“ Dann begann sie mit dem Unterricht.

Robert musste sich nicht schmal machen wie ein Lineal, denn Jo ließ ihm genug Platz. Überhaupt war der Neue ganz anders als Monsterboy. Er trug keine Stacheln, keine Knochen und Zähne um den Hals und keine Totenkopfkappe. Er kaute nicht Kaugummi, machte keine frechen Bemerkungen und beteiligte sich sogar manchmal am Unterricht.

Als es zur Pause klingelte, kam Marina an den Tisch. Mit strahlendem Lächeln betrachtete sie Jos gestylte Haare. „Coole Frisur“, meinte sie.

Murat zeigte auf das blaue T-Shirt. „Sieht stark aus.“

„Der Hammer, dass du dich getraut hast wiederzukommen, nach dem Stress gestern“, sagte Elias bewundernd. Dann fügte er hinzu: „Ich hoffe, du hast mit der Jacke auch das doofe Benehmen abgelegt.“ Dass er selbst oft mitgemacht hatte, war ihm anscheinend entfallen.

Dennis deutete mit dem Kopf Richtung Tür. „Hey, kommst du mit uns raus?“

„Okay“, antwortete Jo und legte einen Arm um seinen Tischnachbarn. „Aber Rob kommt mit. Er ist nämlich mein Freund.“

Rob? Klingt cool, dachte Robert und grinste seinen Kumpel an. *Und ich bin sein Freund? Klar! Jo und ich werden die allerbesten Freunde.*

Da war er sich zu hundert Prozent sicher.